ESSAY

KRITIK

MARGINALIEN

Avner Ofrath, geb. 1986, Wissenschaftlicher Mitarbeiter am Institut für Geschichtswissenschaft der Freien Universität Berlin. 2023 erschien *Colonial Algeria and the Politics of Citizenship.*

Jonas Rosenbrück, geb. 1991, Assistant Professor of German am Amherst College. Im Oktober 2024 erscheint *Common Scents: Poetry, Modernity, and a Revolution of the Senses.*
jrosenbrueck@amherst.edu

Marcus Payk, geb. 1973, Professor für Neuere und Neueste Geschichte an der Helmut-Schmidt-Universität/Universität der Bundeswehr Hamburg. 2018 erschien *Frieden durch Recht? Der Aufstieg des modernen Völkerrechts und der Friedensschluss nach dem Ersten Weltkrieg.*
payk@hsu-hh.de

Friedrich Kießling, geb. 1970, Professor für Neuere und Neueste Geschichte an der Rheinischen Friedrich-Wilhelms-Universität Bonn. 2024 erschien *Der Streitfall. Wie die Demokratie nach Deutschland kam und wie wir sie neu beleben müssen* (zus. m. Christoph Safferling).
friedrich.kiessling@uni-bonn.de

Christoph Safferling, geb. 1971, Professor für Strafrecht und Völkerrecht an der Friedrich-Alexander-Universität Erlangen-Nürnberg. 2021 erschien *Staatsschutz im Kalten Krieg. Die Bundesanwaltschaft zwischen NS-Vergangenheit, Spiegel-Affäre und RAF* (zus. m. Friedrich Kießling).
christoph.safferling@fau.de

Rainald Goetz, geb. 1954, Schriftsteller. Am 20. Mai erscheinen bei Suhrkamp *Lapidarium. Stücke* und *wrong. Textaktionen*. Bei *Moral Mazes 24* handelt es sich um den Vorabdruck eines Kapitels aus letzterem Band.

Claudia Gatzka, geb. 1985, Wissenschaftliche Mitarbeiterin am Historischen Seminar der Universität Freiburg. 2019 erschien *Die Demokratie der Wähler. Stadtgesellschaft und politische Kommunikation in Italien und der Bundesrepublik, 1944–1979*; 2024 erscheint *Demokratie und Diktatur. Geschichte und Gegenwart einer Grenzziehung.*
claudia.gatzka@geschichte.uni-freiburg.de

Manfred Sing, geb. 1966, Islamwissenschaftler, assoziierter Forscher am Leibniz-Institut für Europäische Geschichte in Mainz. 2022 erschien *Arab Feminism and Islamic History. The Transnational Life and Work of Lebanese-Syrian Writer Widad Sakakini (1913–1991).*
Sing@ieg-mainz.de

Susanne Neuffer, geb. 1951, Autorin. 2019 erschien *Im Schuppen ein Mann*; 2022 *Sandstein. Zwei Novellen.*
www.susanne-neuffer.de

ZU DIESEM HEFT

»Noch nie in der Geschichte des Israel/Palästina-Konflikts«, stellt Avner Ofrath fest, »wurden Menschenleben so gleichgültig, so rücksichtslos behandelt wie in den letzten Monaten.« Umso bedrückender ist, wie selten die öffentlichen Debatten darüber der Komplexität und Widersprüchlichkeit der aktuellen Geschehnisse und ihrer Vorgeschichte gerecht werden. Ofrath zeigt das in seinem Essay unter anderem anhand der leichtfertigen Entkontextualisierung des Siedlerbegriffs, die es ermöglicht, »settler colonialism« effektvoll als Kampfbegriff zu verwenden. Das aber ist nicht nur sachlich unangemessen, es verstellt überdies einen wichtigen analytischen Zugang zum Verständnis der Genese des Palästina-Konflikts.

Auch bei Jonas Rosenbrück geht es um die fatale Logik diskursiver Verkürzungen. Die Vehemenz, »mit der weite Teile der deutschen Öffentlichkeit jeder Israelkritik wie auch der Sorge um das Wohl der Palästinenser begegnen«, beruht, wie er argumentiert, nicht zuletzt darauf, dass wichtige militärische, erinnerungskulturelle und politische Asymmetrien im Verhältnis zwischen Israel und Palästina hierzulande gern ausgeblendet werden.

Manfred Sing wiederum geht der nicht weniger simplifizierenden populären Fama nach, der zufolge die Gründe dafür, dass arabische Gesellschaften weltweit das höchste Ausmaß an israelbezogenem Antisemitismus aufweisen, im Islam selbst zu suchen seien. Sings trockenes Fazit: »Sie ist historisch falsch, theologisch unzulänglich und politisch verheerend.«

Außerdem bietet dieses Jubiläumsheft noch etwas ganz anderes: das *Merkur*-Comeback von Rainald Goetz nach fast vierzig Jahren. Dreißig Seiten aus seinem Arbeitsjournal des Jahres 2019, mit manchen Bezügen zur Zeitschrift. Aus diesem Grund ist das Heft auch etwas umfangreicher als gewohnt.

CD/EK

Avner Ofrath

Anatomie der Gewalt

Zum Israel / Palästina-Konflikt

Die beispiellose Brutalität, die in den frühen Morgenstunden des 7. Oktober 2023 in Israel / Palästina entfesselt wurde und seither nicht abreißt, erfordert ein neues Vokabular und Verständnis der Wurzeln, der Dynamik und der Motive der Gewalt vor Ort, aber auch der globalen Reaktionen darauf. Noch nie in der einhundertjährigen Geschichte dieses zutiefst asymmetrischen Konflikts wurden Zivilisten auf beiden Seiten so explizit, massenhaft und grausam angegriffen; noch nie klafften in westlichen Universitäten, Medien und Kulturbetrieben Bilder, Vorstellungen und Grundannahmen rund um den Konflikt so schnell, so weit, so unüberwindbar auseinander; noch nie stellten die Folgen des Konflikts eine derart unmittelbare Gefahr für den Frieden ganzer Gemeinden in Europa und Nordamerika dar: Weltweit sind vor allem jüdische, aber auch muslimische Menschen, Gemeinden und Einrichtungen einer Welle des Hasses ausgesetzt.

Trotz heftiger Auseinandersetzungen ist zu entscheidenden Fragen in diesem Konflikt in den letzten Monaten irritierend, ja besorgniserregend wenig gesagt worden. Stattdessen sind Analytisches und Konkretes dem Hyperbolischen gewichen. Ein beispielhafter Moment dieser intellektuellen Landschaft Anfang Dezember: Zwei Wochen nachdem eine Reihe prominenter, teils umstrittener Historikerinnen und Historiker in einem offenen Brief in der *New York Review of Books* dazu aufgerufen hatte, Vergleiche zwischen dem Hamas-Angriff vom 7. Oktober 2023 und dem Holocaust zu unterlassen, erschien im *New Yorker* ein Artikel von Masha Gessen, in dem wiederum der belagerte Gazastreifen mit den durch die NS-Besatzung errichteten Ghettos verglichen und behauptet wird, das »Ghetto« von Gaza werde nun »liquidiert«; die Provokation ging auf, eine Preisverleihung in Deutschland wurde abgesagt, dann trat die Katharsis des Eklats ein.[1] Bisweilen scheint es, als wäre man in manchen Kreisen bereit, über alles zu diskutieren – nur nicht

1 Omer Bartov / Christopher R. Browning / Jane Caplan / Debórah Dwork, Michael Rothberg u.a., *An Open Letter on the Misuse of Holocaust Memory*. In: *New York Review of Books* vom 20. November 2023 (www.nybooks.com/online/2023/11/20/an-open-letter-on-the-misuse-of-holocaust-memory/); Masha Gessen, *In the Shadow of the Holocaust. How the politics of memory in Europe obscures what we see in Israel and Gaza today*. In: *New Yorker* vom 9. Dezember 2023 (www.newyorker.com/news/the-weekend-essay/in-the-shadow-of-the-holocaust).

darüber, was konkret in Israel/Palästina geschieht, über die eigentliche Geschichte, Gegenwart und Zukunft des Landes.

Fast 30000 Menschen – mehr als ein Prozent der Gesamtbevölkerung des Gazastreifens – sind bis Ende Februar 2024 der israelischen Kriegsführung zum Opfer gefallen, davon schätzungsweise rund 70 Prozent Frauen und Kinder. Tausende mehr liegen noch unter Trümmern und in Krankenhäusern, in denen sie kaum noch versorgt und behandelt werden können. Hunderttausende könnten in den nächsten Monaten an Krankheiten sterben, nachdem israelische Luftangriffe zivile Infrastrukturen zerstört und einen Großteil des Gazastreifens buchstäblich unbewohnbar gemacht haben.[2] Berichte über eine katastrophale Hungersnot häufen sich und lassen den Verdacht auf eine gezielte Strategie des israelischen Militärs entstehen. Der Internationale Gerichtshof (IGH) in Den Haag hat zwar nicht angeordnet, dass Israel seine Offensive beenden muss, den Verdacht auf Genozid jedoch auch nicht zurückgewiesen und Israel aufgefordert, zu beweisen, dass es keinen Genozid verübe. In dem Moment, da ich dies schreibe, ist von einer Offensive in Rafah die Rede, wo 1,5 Millionen Menschen unter menschenunwürdigen Bedingungen eine notdürftige Zuflucht suchen. Wie Recherchen der israelischen Tageszeitung *Haaretz* zeigen, würde die neue, von Israel eingerichtete »sichere Zone« entlang der Küste von Rafah bedeuten, dass sich diese Menschen auf unbestimmte Zeit auf dem Gebiet eines mittelgroßen Flughafens aufhalten müssten.[3] Auf israelischer Seite sind die Zahl der zivilen Opfer und das Ausmaß der Zerstörung deutlich kleiner, aber ebenso beispiellos in der Geschichte dieses Konflikts. Etwa tausend Zivilisten wurden durch die Hamas am 7. Oktober massakriert oder nach Gaza verschleppt, Hunderte mehr verletzt und gefoltert. Ganze Ortschaften entlang der israelischen Grenze zum Gazastreifen sind restlos zerstört worden, viele andere – auch im Norden Israels sowie im südlichen Libanon – sind kriegsbedingt evakuiert worden.

Noch nie in der Geschichte des Israel/Palästina-Konflikts wurden Menschenleben so gleichgültig, so rücksichtslos behandelt wie in den letzten Monaten. Dies spiegelt sich auch in einem veränderten Sprachgebrauch. Der

2 Vgl. Devi Sridhar, *It's not just bullets and bombs. I have never seen health organisations as worried as they are about disease in Gaza*. In: *Guardian* vom 29. Dezember 2023 (www.theguardian.com/commentisfree/2023/dec/29/health-organisations-disease-gaza-population-outbreaks-conflict).

3 Yarden Michaeli/Avi Scharf, *Gazans Fled Their Homes. They Have Nowhere to Return to*. In: *Haaretz* vom 8. Februar 2024 (www.haaretz.com/israel-news/security-aviation/2024-02-08/ty-article-static-ext/.premium/gazans-fled-their-homes-they-have-nowhere-to-return-to/0000018d-73f0-d4f1-a18d-f7f071190002).

israelische Militärjargon hat schon vor Jahren den Begriff »Unbeteiligte« etabliert (statt »Zivilisten«). Wie der IGH in seiner Entscheidung zur Klage Südafrikas gegen Israel festgestellt hat, bedienen sich seit dem 7. Oktober zahlreiche, auch prominente israelische Politikerinnen und Politiker einer Rhetorik des Genozids und behaupten, es gebe keine »Unschuldigen« in Gaza. Vertreter der Hamas beteuern ihrerseits, Angriffe wie den vom 7. Oktober wiederholen zu wollen.[4] In vielen arabischsprachigen Medien ist seit Jahrzehnten selten von israelischen »Zivilisten« und meistens von »Siedlern« die Rede, selbst wenn es um Bewohner des international anerkannten israelischen Staatsgebiets geht. Seit dem 7. Oktober hat sich dieser absurd vereinfachte Begriff des »Siedlers« nun auch in Teilen des Westens etabliert und die Vorstellung salon- und universitätsfähig gemacht, alle Israelis – sowie proisraelische Jüdinnen und Juden weltweit – seien legitime Ziele des »Widerstands« der Hamas. »Siedler sind keine Zivilisten«, urteilte etwa die Yale-Professorin Zareena Grewal gleich am 7. Oktober.[5] Es ist diese Missachtung, diese Auflösung der Kategorie der Zivilisten, also der Unschuldigen oder Unbeteiligten, im Denken und Handeln aller beteiligten Akteure, die wir verstehen müssen.

Der Historiker Hillel Cohen hat überzeugend argumentiert, dass die Ausschreitungen im Sommer 1929 in zahlreichen Städten Palästinas – damals kraft eines Völkerbundmandats nach dem Zerfall des Osmanischen Reichs im Ersten Weltkrieg unter britischer Herrschaft – als das »Jahr null« des Konflikts zu betrachten sind. Was in manchen historischen Darstellungen als eine palästinensische Rebellion gegen die Briten beschrieben wird, war in Wahrheit vielmehr ein Ausbruch von Gewalt an Zivilisten, dem ganze Gemeinden zum Opfer fielen. Was als ein Streit zwischen Juden und Muslimen um Gebetsordnungen an der Klagemauer beziehungsweise dem Ḥā'iṭ al-Burāq in Jerusalem begann, entwickelte sich innerhalb weniger Tage zu Ausschreitungen, die Zivilisten zuerst in Jerusalem und kurz darauf in etlichen anderen Städten betrafen. Insgesamt 133 Menschen der jüdischen Bevölkerung und 166 Menschen der muslimisch-christlich arabischen Bevölkerung kamen dabei ums Leben. Die Gewalt richtete sich nicht ausschließlich gegen

4 Vgl. das Interview mit Ghazi Hamed bei LBC TV (Libanon) vom 24. Oktober 2023 (www.memri.org/tv/hamas-official-ghazi-hamad-we-will-repeat-october-seven-until-israel-annihilated-victims-everything-we-do-justified).

5 Vgl. Ari Blaff, »*Settlers Are Not Civilians*«: *Yale Professor Defends Hamas Terrorism*. In: *National Review* vom 11. Oktober 2023 (www.nationalreview.com/news/settlers-are-not-civilians-yale-professor-defends-hamas-terrorism/).

neue zionistische Siedlungen, sondern vielfach gegen alteingesessene, nicht- oder sogar antizionistische jüdische Gemeinden in Städten wie Hebron im Süden oder Safed im Norden. Die Gemeinde von Hebron wurde dabei ausgelöscht (die israelischen Siedler im heutigen Hebron – einer der radikalsten Hochburgen der Siedlerbewegung – stammen nicht aus der alteingesessenen Gemeinde). Wie Cohen zeigt, hat die Gewalt von 1929 aus einem politischen Konflikt um zionistische Bestrebungen einen ethnisch-religiösen Konflikt gemacht.[6]

Damals wie heute ordneten zahlreiche Beobachter die Gewalt von 1929 als eine weitere Etappe in einer langen Geschichte von Verfolgungen und Pogromen ein, als einen Ausbruch jenes Judenhasses, der in den mittelalterlichen deutschen Landen, im späten Zarenreich oder in Palästina immer wieder seinen Ausdruck fand. In diesem Sinne ist die Gewalt von 1929, wie auch der Arabische Aufstand von 1936 bis 1939, in die israelische Geschichtsschreibung eingegangen, bezeichnet mit dem hebräischen Pendant für »Pogrom«: *Pera'ot*. Hier wird bereits das fehlende Verständnis für die grundlegend verschiedenen Hintergründe der Gewalt in Europa und der im Nahen Osten sichtbar, das sich auch jetzt wieder zeigt. Zweifelsohne lässt sich eine Übernahme von Denkfiguren des europäischen Antisemitismus durch Vertreter der palästinensischen oder panarabischen Bewegung feststellen: Das bekannteste Beispiel hierfür ist der Mufti von Jerusalem Amin al-Husseini, der während des Zweiten Weltkriegs sogar Unterstützung beim NS-Regime suchte, aber auch spätere Gruppierungen – nicht zuletzt die Hamas – haben die in Europa entstandene judenfeindliche Rhetorik und Vorstellungswelt für sich entdeckt (von weitverbreiteter Holocaustleugnung ganz zu schweigen). Dennoch darf dieser Umstand nicht über die konkreten Hintergründe der Gewalt im Israel/Palästina-Konflikt hinwegtäuschen. Hier handelt es sich nicht um eine von einer Mehrheitsgesellschaft verfolgte jüdische Minderheit, sondern um den Kampf zweier Nationalbewegungen um Land und Vorherrschaft, dessen konkreteste und ausdauerndste Manifestation ein israelisches System von Besatzung, Siedlungsausbau und stets voranschreitender Vertreibung und Verdrängung der palästinensischen Bevölkerung ist.

Der Versuch, Land durch Ansiedlung zu beanspruchen und zu verteidigen, ist entscheidend für die Dynamik der Gewalt an Zivilisten. »Wo die Pflugschar verläuft, wird die Grenze verlaufen«, lautete ein Motto der zionistischen Bewegung in den 1920er und 1930er Jahren. Gerade angesichts

6 Hillel Cohen, *Year Zero of the Arab-Israeli Conflict 1929*. Waltham/Mass.: Brandeis University Press 2015.

der britischen Teilungspläne, mit denen ab 1937 versucht wurde, einen Kompromiss zwischen der zionistischen und der palästinensischen Nationalbewegung zu finden, wurde das Schaffen von vollendeten Tatsachen durch die Gründung neuer Siedlungen zu einem zentralen Mittel der zionistischen Bewegung. So schreibt etwa der Historiker Benny Morris, ein prominenter Apologet des zionistischen beziehungsweise israelischen Handelns in den 1940er und 1950er Jahren: »Die Errichtung von Siedlungen war sowohl eine Frage der Ideologie als auch der Strategie […] Schließlich sollte das Siedlungsraster die Konturen und Grenzen des geplanten Staates bestimmen.«[7] Viele der Kibbuzim, in denen die Hamas am 7. Oktober Zivilisten massakrierte, wurden in den 1940er und 1950er Jahren nach dieser Logik gegründet. Freilich war das Zusammenspiel aus ziviler Bevölkerung, Landwirtschaft und Grenzziehung keine alleinige Strategie der zionistischen Bewegung; die arabischen Armeen, die nach der israelischen Unabhängigkeitserklärung in Palästina einmarschiert waren, zerstörten systematisch jüdische Siedlungen im Süden Palästinas und im Jordantal.

Die Grenzziehung und Bevölkerungsdichte der Region, die heute als Gazastreifen bekannt ist, ist Teil dieser Geschichte. Die Bevölkerung dieser Region verdreifachte sich während des Kriegs von 1948, als mehr als einhunderttausend Palästinenserinnen und Palästinenser aus Jaffa, Javne, Madschdal Schams, al-Ludd (Lod) und vielen anderen Ortschaften nach ihrer Vertreibung oder erzwungenen Flucht – die Kontroversen um die Ursachen und die Terminologie rund um die Nakba würden einen eigenen Artikel erfordern – dorthin kamen.[8] Wie die israelische Journalistin und Autorin Amira Hass schreibt, ist der Gazastreifen seitdem ein Mikrokosmos der palästinensischen Gesellschaft und Geschichte: eine von der restlichen Welt durch Israel und Ägypten abgeschottete Region, in der 75 Prozent der Bevölkerung Nachfahren von Flüchtlingen des Kriegs von 1948 sind.[9]

7 Benny Morris, *1948: Der erste arabisch-israelische Krieg* [2008]. Übersetzt von Johannes Bruns u. Peter Kathmann. Leipzig: Hentrich & Hentrich 2023. Die deutsche Ausgabe ist um ein Interview mit Benny Morris, ein Nachwort von Stephan Grigat und eine editorische Notiz zum 7. Oktober 2023 ergänzt worden, die Morris' gründlich recherchiertem und insgesamt sachlichem Buch einen oberflächlich politisierten und polemischen Charakter verleihen.

8 Jean-Pierre Filiu, *Gaza: A History*. Oxford University Press 2014.

9 Amira Hass, *Gam BaSchulayim, gam ba-merkas: Asa ka-mikrokosmos ha-falastini* [*Sowohl am Rand als auch im Zentrum: Gaza als der palästinensische Mikrokosmos*]. In: Omri Ben Yehuda / Dotan Halevy (Hrsg.), *Asa: Makom ve-dimui ba-merchaw ha-yisraeli* [*Gaza: Ort und Bild im israelischen Raum*]. Gamma 2023.

Das Zusammenspiel aus Vertreibung, Siedlungsausbau und Grenzziehung bestimmt auch aktuelle Entwicklungen. Die massive Zerstörung durch die israelische Offensive im Norden des Gazastreifens bedeutet, dass die im Oktober und November durch Israel eingerichteten »humanitären Korridore« zwischen dem Norden und Süden des Gazastreifens auf absehbare Zeit Einbahnstraßen bleiben werden. Minister in der ultranationalistischen, teilweise offen rassistischen israelischen Regierung und Abgeordnete der Regierungsparteien rechtfertigen und feiern die enorme Zahl palästinensischer Opfer mit einer Rhetorik, die allen Bewohnerinnen und Bewohnern des Gazastreifens das Recht auf Schutz und Leben abspricht; manche träumen vom Transfer der Bevölkerung, andere sprechen von einer zweiten Nakba oder fordern, den Gazastreifen von der Erde zu tilgen.[10] Radikale Siedler und ihre Vertreter sprechen vom Wiederaufbau israelischer Siedlungen in Gaza, zuletzt in einer Veranstaltung in Jerusalem, an der unter anderen der Minister für Innere Sicherheit und der Finanzminister teilnahmen und ein Banner mit der Aufschrift »Nur der Transfer [der palästinensischen Bevölkerung aus dem Gazastreifen] wird den Frieden bringen« zu sehen war.[11] Auch diese Äußerungen und Bestrebungen haben eine lange Geschichte. Bereits nach dem israelischen Sieg im Sechstagekrieg 1967 versuchte die israelische Regierung, Bewohnerinnen und Bewohner dazu zu veranlassen, den Gazastreifen in Richtung Westjordanland zu verlassen, um ihn zu annektieren. Der Versuch scheiterte zwar, zeigt aber, wie tief die Idee wurzelt, den Konflikt zu entscheiden, indem man die Zivilbevölkerung einschüchtert und in die Migration zwingt.

Dabei ist der Zusammenhang zwischen Ansiedlung, Landenteignung, und erzwungener Flucht beziehungsweise Vertreibung einerseits und Gewalt an Zivilisten andererseits keine Besonderheit des Israel/Palästina-Konflikts, sondern vielmehr ein Grundzug vieler Siedlergesellschaften und kolonialer Projekte. »Es wäre gut [...] zwischen der Mitidja und Dellys eine solide Barriere aus befestigten Dörfern zu etablieren. Über diesen Weg drohte der Aufstand uns zu überwältigen. Es ist wichtig, dies von nun an zu verhindern«, empfahlen Mitglieder eines für Kolonisation zuständigen Ausschusses in Algerien 1871.[12] Ein Aufstand in der Kabylei war gerade unterdrückt

10 Vgl. *Genocide Charge Against Israel Must Serve as a Wake-up Call*. Editorial in: *Haaretz* vom 3. Januar 2024.

11 Vgl. den Bericht im *Tagesspiegel* vom 29. Januar 2024 (www.tagesspiegel.de/internationales/tausende-bei-konferenz-des-sieges-in-israel-rechter-minister-ben-gvir-fordert-ruckkehr-judischer-siedler-in-gazastreifen-11125894.html).

12 Archives nationales d'outre-mer, Aix-en-Provence, GGA L10: *Extrait de la délibération du comité consultatif de colonisation* vom 26. Oktober 1871.

worden; die französischen Kolonialbehörden waren dabei, Ländereien von aufständischen Bevölkerungen zu enteignen und einen Plan für den Ausbau bestehender und die Errichtung neuer Siedlungen zu entwerfen. Der französische Gouverneur forderte »die Schaffung einer großen, homogenen französischen Bevölkerung in Algerien, die fähig wäre, alle Aufstandsversuche selbst abzuwehren«.[13] Die Historikerin Raphaëlle Branche hat in einem beeindruckenden Buch gezeigt, wie diese verwobenen Schichten der Gewalt acht Jahrzehnte später noch nachwirkten, als während des Algerienkriegs in der Siedlung Palestro, errichtet nach dem Aufstand von 1871, eines der grausamsten Massaker an Zivilisten durch Mitglieder der FLN, der algerischen Nationalen Befreiungsfront, verübt wurde.[14]

Dass es angezeigt scheint, an dieser Stelle hinzuzufügen, dass eine Analyse keine Rechtfertigung bedeutet, zeigt die intellektuelle Sackgasse des gegenwärtigen Moments. Um beim algerischen Beispiel zu bleiben: 1901 überfiel eine Gruppe algerischer Männer die Siedlung Margueritte, tötete sechs ihrer Bewohner und zwang mehrere andere, die *Shahada* auszusprechen – jenen Satz, mit dem man sich zum Islam bekennt. Im französischen Parlament und in der Presse erinnerten einige Abgeordnete und Journalisten daran, dass zum Hintergrund des Angriffs auch die Tatsache gehörte, dass die Siedlung auf enteigneten Ländereien errichtet worden war.[15] Auf die Hintergründe der Gewalt hinzuweisen, ist keine Relativierung der Schuld der Täter oder des Leids der Betroffenen, sondern der Suche nach einer anderen Zukunft geschuldet. Genau das verstanden israelische Verleger, die während der Zweiten Intifada (2000 bis 2005) mehrere Publikationen aus der Zeit des Algerienkriegs ins Hebräische übersetzten.[16] Das wäre vermutlich weiterhin eine Selbstverständlichkeit geblieben, wenn sich nicht nach dem 7. Oktober ein wahrhaft erschütternder Abgrund aufgetan hätte, in dem die grausamste Gewalt an Zivilisten eben nicht nur analytisch erklärt, sondern als Ausdruck von Gerechtigkeit und Befreiungspolitik gefeiert wurde.

Über die Verharmlosung, sogar das Bejubeln der Massaker der Hamas unter sich als links oder progressiv bezeichnenden Kreisen ist bereits viel

13 Archives nationales d'outre-mer, Aix-en-Provence, F80 1799: Gouverneur général, *Instructions pour les commissions de séquestre* vom 26. Juni 1872.

14 Raphaëlle Branche, *L'embuscade de Palestro, Algérie 1956*. Paris: Armand Colin 2010.

15 Avner Ofrath, *Colonial Algeria and the Politics of Citizenship*. London: Bloomsbury 2023.

16 Vgl. Jean-Jacques Servan-Schreiber, *Lieutenant en Algérie*. Paris: Julliard 1957; Raymond Aron, *La Tragédie algérienne*. Paris: Plon 1957.

geschrieben worden. Hier soll deshalb der Fokus auf einen Begriff gelegt werden, der für die Rechtfertigung von Gewalt an Zivilisten maßgeblich ist: Siedlerkolonialismus *(settler colonialism)* – ein Begriff, der das Potential hätte, die historischen Komplexitäten von Fällen wie Israel/Palästina zu erfassen, der aber stattdessen immer gröber, sogar menschenverachtender verwendet wird.

Dass es sich bei dem zionistischen Unterfangen um ein Siedlungsprojekt handelt, wird allein schon anhand des Vokabulars klar. Für den Erwerb von Ländereien Anfang des 20. Jahrhunderts war etwa die *Palestine Jewish Colonization Association* zuständig; ein Motto des zionistischen Mainstreams forderte die »Eroberung« der Arbeit wie des Landes; die frühesten neugegründeten Siedlungen um 1900 wurden als ebensolche bezeichnet *(Moschavot)* – die Liste ließe sich fortsetzen. Freilich stammte dieses Vokabular aus einer Zeit, in der »Kolonien« alles Mögliche bedeuten konnten – von Eroberungsgebieten in Asien und Afrika bis hin zu einer Gruppe städtemüder deutscher Künstlerinnen und Künstler in Worpswede. Doch die Essenz bleibt. Ziel der zionistischen Bewegung war es, in Palästina beziehungsweise *Eretz Israel* eine neue Gesellschaft und Gesellschaftsordnung aufzubauen, mit wenig Rücksicht auf die und noch weniger Kenntnis von der lokalen Gesellschaft, Wirtschaft und Ökologie. Die in Israel wie in Deutschland gängige Vorstellung, der Zionismus hätte aus einer »kargen Wüste« ein blühendes Land geschaffen, ist Produkt und Ausdruck hartnäckiger Ignoranz. Auch hier sind Vergleiche mit Algerien denkbar: von der Vorstellung, ein vormals blühendes Land nach Jahrhunderten des Verfalls unter islamischer Herrschaft wieder aufblühen zu lassen, bis hin zur Obsession mit Wäldern und Bewaldung.[17]

Was jedoch im Fall der zionistischen Bewegung beziehungsweise Israels genauso wie in Algerien oder Südafrika gerade für die heutige politische Auseinandersetzung mit Geschichte und Gegenwart des Ortes entscheidend ist, aber vom aktuell vertretenen Verständnis des Siedlerkolonialismus geradezu ignoriert wird, ist die starke Ambivalenz von Siedlern als historischen Akteuren: die Ausgrenzung und Verfolgung, die sie zur Auswanderung zwang, und ihre marginale Position innerhalb kolonialer Hierarchien. Im zionistischen beziehungsweise israelischen Fall ist die gegenwärtige Entkontextualisierung des Siedlerbegriffs besonders auffallend, handelt es sich hier doch um die Anderen Europas schlechthin, um eine Gruppe, die schon

17 Vgl. Diana K. Davis, *Resurrecting the Granary of Rome. Environmental History and French Colonial Expansion in North Africa.* Athens: Ohio University Press 2007.

lange vor dem Holocaust Pogromen ausgesetzt war – und um Gemeinden, die mit dem Aufkommen des Nationalismus in der arabischen Welt in den 1940er und 1950er Jahren auch dort kaum noch Aussicht auf ein Bleiben hatten. Auch in anderen Fällen das gleiche Bild: verarmte Landarbeiter aus Frankreich, Spanien und Italien im Fall Algeriens, deutsche Kleinbauern in den preußischen Ostgebieten, Buren in Südafrika, Kriminalisierte und Ausgegrenzte in Australien, religiös Abtrünnige und Verfolgte aus England in Nordamerika. In all diesen Fällen stammte zumindest ein beachtlicher Teil der Siedler aus den ausgegrenzten Schichten der kolonisierenden Gesellschaften.

Die historisch unprivilegierte Ausgangsposition von Siedlergesellschaften entbindet sie selbstverständlich nicht von der politischen Verantwortung, sich mit der für solche Kontexte eigentümlichen Anatomie der Gewalt zu befassen oder sich der Missachtung von Gesetzen und Institutionen zu stellen, die mit dem prägenden Pioniermythos einhergehen.[18] Zugleich darf man aber die Ambivalenz von Siedlergesellschaften nicht aus den Augen verlieren. Siedler können nicht für die Verbrechen europäischer Gesellschaften verantwortlich gemacht oder dämonisiert werden. Genau in diesem Sinne haben mehrere Historikerinnen und Historiker seit den frühen 1990er Jahren geforscht und argumentiert. Caroline Elkins und Susan Pedersen haben in einem programmatischen Text beispielsweise die Fragilität vieler Siedlergesellschaften analysiert und ihre Abhängigkeit sowohl von den Kolonialmächten als auch von lokalen Bevölkerungen betont.[19]

Doch anstatt diese Ambivalenzen wahrzunehmen, wird momentan ein Begriff des Siedlerkolonialismus forciert, der diese Form der europäischen Expansion als die Krönung der Gewalt und das repressivste aller Systeme darstellt und letztendlich die entfesselte Gewalt rechtfertigt, die die Hamas am 7. Oktober 2023 unter anderem an Hochbetagten, Frauen und Kindern verübte und an den Geiseln weiterhin verübt. Wie menschenverachtend dieser Siedlerbegriff ist, zeigte ein Instagram-Post der erfolgreichen Künstlerin Emily Jacir kurz nach dem 7. Oktober: Zu sehen war ein Foto der fünfundachtzigjährigen Yaffa Adar, während sie von Hamas-Militanten gekidnappt wird. Das Foto überschrieb die Künstlerin mit dem Kommentar: »Diese ge-

18 Avner Ofrath, *Alsace in Algeria and the Notion of »Failure« in Settler Political Culture, c. 1870–1960*. In: *The Historical Journal*, Nr. 66/5, Dezember 2023.

19 Caroline Elkins / Susan Pedersen, *Introduction: Settler Colonialism: A Concept and its Uses*. In: Dies. (Hrsg.), *Settler Colonialism in the Twentieth Century: Projects, Practices, Legacies*. Abingdon: Routledge 2005. Jürgen Osterhammel und Jan C. Jansen sprechen von »überseeischer Siedlungskolonisation«. Vgl. dies., *Kolonialismus. Geschichte, Formen, Folgen*. München: Beck 2012.

fangene Siedlerin sieht zufrieden aus. Ich hoffe, sie bekochen sie mit einem guten palästinensischen Gericht.«

Es ist kaum Zufall, dass Vertreterinnen und Vertreter dieser vereinfachten Vorstellung des Siedlerkolonialismus sich oft auf ein Zitat von Theodor Herzl beziehen – und zwar sinnentstellend und manipulativ: »Wenn ich an die Stelle eines alten Baues einen neuen setzen will, muss ich zuerst demoliren und dann construiren«, schrieb der Gründer des politischen Zionismus in der Einleitung seines 1896 veröffentlichten Manifests *Der Judenstaat*. In wissenschaftlichen Artikeln, politischen Texten und Beiträgen in sozialen Medien wird dieser Satz vielfach angeführt als Kernstück des europäisch geprägten zionistischen Gedankenguts in seiner Begegnung mit Palästina. So etwa in einem höchst einflussreichen und vielzitierten Artikel des Historikers Patrick Wolfe, der Herzls Worte als den Ausdruck schlechthin für das sieht, was er als die siedlerkoloniale »elimination logic« hinsichtlich der indigenen Bevölkerung bezeichnet.[20] Was aber ohne Kontext wie Herzls Kampfansage an die lokale Gesellschaft Palästinas erscheint, ist in Wahrheit eine rein stilistische Anmerkung zum Aufbau des Buchs, mit der Herzl die Vorgehensweise erklärt, zunächst Einwände seiner Gegner zu entkräften, um im Anschluss seinen Plan vorzustellen.

Ein Zufall ist das nicht. Denn dass Juden als die Verkörperung und Vollendung des Bösen dargestellt werden, ist kein Novum. Schließlich waren sie schon Seuchenverbreiter in Zeiten der Pest, Wucherer in Zeiten von Armut, Vorboten des Kapitalismus für Sozialisten und Hauptverantwortliche des Bolschewismus für Nationalisten und Faschisten. Nun sind sie der Inbegriff des Kolonialismus im postkolonialen Zeitalter. Ein Schelm, wer Böses dabei denkt.

Dabei mangelt es nicht an Gründen, nicht nur die aktuelle israelische Kriegsführung aufs Schärfste zu verurteilen, sondern auch tief verankerte Aspekte des zionistischen Gedankenguts und der israelischen Gesellschaft zu kritisieren. Eine derartige Kritik, ein Abschied von kolonialen und ethnokratischen Fundamenten des politischen Systems Israels und eine ernsthafte Auseinandersetzung der israelischen Gesellschaft mit der anhaltenden, sich stetig radikalisierenden Zerstörung palästinensischen Lebens werden für jede zukünftige, aktuell schwer vorstellbare politische Transformation in Israel/Palästina unabdingbar sein. Ziel einer derartigen Kritik muss aber sein, nach hundert Jahren der Gewalt an Zivilisten eine Politik zu fordern und zu fördern, für die der Schutz von Menschenleben das allerhöchste Gut

20 Patrick Wolfe, *Settler colonialism and the elimination of the native*. In: *Journal of Genocide Research*, Nr. 8/4, 2006.

ist. Von diesem elementaren Grundsatz humanistischer Politik hat sich seit dem 7. Oktober 2023 ein beachtlicher Teil der sich als links, progressiv oder antikolonial bezeichnenden Gruppierungen und Intellektuellen mit klaren Worten und Taten verabschiedet.

Die globalen Schockwellen des Israel/Palästina-Konflikts, die seit Oktober 2023 das Zusammenleben von Juden und Muslimen von Berlin bis Paris und von Berkeley bis Toronto ins Wanken bringen, sind aber nicht nur auf post- und antikoloniale Ansätze zurückzuführen. Vielmehr sind sie ein Produkt davon, wie zentrale Akteure den Konflikt austragen: als eine Sache, die Juden und Muslime weltweit betrifft. Die Nichtunterscheidung zwischen Kämpfenden und Zivilisten, die Vorstellung des Konflikts als eines allumfassenden Kampfes zweier Bevölkerungen prägt ihn seit mehr als hundert Jahren. Tatsächlich erinnern die Spannungen, die wir in den letzten Monaten in Europa und Nordamerika erleben, immer mehr an die Ausschreitungen zwischen Juden und Muslimen an diversen Schauplätzen der arabischen Welt in der spätkolonialen Zeit.

Bereits nach den Ausschreitungen im Sommer 1929 begannen Vertreter der zionistischen und der palästinensischen Nationalbewegungen, den eskalierenden Konflikt zu globalisieren. Vertreter der zionistischen Bewegung sammelten Spenden für die jüdischen Opfer der Gewalt nicht nur in Europa, sondern auch in zahlreichen jüdischen Gemeinden der arabischen Welt, was vielerorts von Behörden, jüdischen Einrichtungen und muslimischen Vertretern mit großer Skepsis und mit Sorge um den Modus Vivendi der verschiedenen Religionsgemeinschaften betrachtet wurde. Auf palästinensischer Seite ist insbesondere die Aktivität des Jerusalemer Mufti al-Husseini hervorzuheben, der nach 1929 Gemeinden und Orte in der ganzen islamischen Welt bereiste und 1931 einen internationalen Islamischen Kongress auf dem Haram al-Sharif (im Deutschen als Tempelberg bekannt) in Jerusalem veranstaltete, der zur Gründung einer islamischen Universität führen sollte, von prominenten arabischen Intellektuellen besucht und in der arabischen Presse stark rezipiert wurde.[21]

Die Herauskristallisierung zweier ethnisch-religiös gedachter »Seiten«, die Hillel Cohen für Palästina nach 1929 festgestellt hat, lässt sich auch an anderen Schauplätzen der arabischen Welt nachzeichnen. Diese Entwicklung, die Folge des zunehmend globalisierten Palästinakonflikts, war ein

21 Weldon C. Matthews, *Pan-Islam or Arab Nationalism? The Meaning of the 1931 Jerusalem Islamic Congress Reconsidered*. In: *International Journal of Middle East Studies*, Nr. 35/1, Februar 2003.

wichtiger Faktor bei der Welle von Ausschreitungen und Massakern, denen jüdische Gemeinden in den 1930er und 1940er Jahren in mehreren Städten der arabischen Welt ausgesetzt waren – etwa in Constantine (Algerien) 1934, Bagdad 1941, Aleppo 1947 oder Oujda (Marokko) 1948. 1938 sahen sich etwa Juden in Bagdad dazu genötigt, sich in Petitionen auf Englisch und Arabisch vom Zionismus zu distanzieren, obwohl sie bereits seit geraumer Zeit am aufkommenden irakischen Nationalismus teilhatten.[22] Mit dem Palästinakrieg 1947 bis 1949 und dem Einmarsch arabischer Armeen erreichte die Globalisierung des Konflikts einen Höhepunkt. So deklarierten etliche islamische Gelehrte und arabische Anführer den Kampf um Palästina zur Pflicht eines jeden Muslims und riefen dazu auf, auf den Hadj, die Pilgerfahrt nach Mekka, zu verzichten und das dazu nötige Geld stattdessen für den Kampf um Palästina zu spenden.

Obschon die Gewalt, mit der jüdische Gemeinden in der arabischen Welt konfrontiert waren, immer auch lokale Gründe und Faktoren hatte, ist die Palästinafrage aus dieser Geschichte nicht wegzudenken. An die Stelle lokal verorteter Solidarität zwischen Nachbarn verschiedener religiöser Zugehörigkeiten, die der jahrhundertelangen, meist gewaltfreien Koexistenz in gemeinsamen Räumen zugrunde lag, traten im 20. Jahrhundert abstrakte, überregional gedachte Bilder des Anderen und des Selbst. Das Erstarken des Zionismus, des palästinensischen und des panarabischen Nationalismus waren Träger und Marker dieser neuen, abstrakt gedachten Identitäten und Solidaritäten.[23]

Freilich unterscheiden sich die Demografie und politische Lage im Berlin oder Paris des frühen 21. Jahrhunderts maßgeblich von denen des spätkolonialen Bagdad oder Aleppo. Auch die Konfrontationen und Straftaten der letzten Monate sind, Stand März 2024, mit der tödlichen Gewalt des frühen 20. Jahrhunderts nicht vergleichbar. Doch die in den 1930er und 1940er Jahren entstandene ethnisch-religiöse Logik rund um den Palästinakonflikt wirkt maßgeblich nach. Dass der Israel/Palästina-Konflikt weltweit Wellen schlägt, ist keine rezente Randerscheinung, sondern gehört vielmehr zum Kern dieser Geschichte.

22 Iraqi Jewish Archive, 3785: *Correspondence about Anti-Jewish Sentiments, Education Information; Statement Condemning Zionism*, 1922–1962. (Digitalisiertes Archiv: ijarchive.org/s/iraqi-jewish-archive/page/home).

23 Avner Ofrath, *Entre Hébron et Constantine: Retour sur les tensions judéo-musulmanes dans l'Algérie des années 1930* (im Erscheinen). Vgl. dazu auch Vorträge der Konferenz »Juifs du monde arabe, pourquoi sont-ils partis?« in Paris im Juni 2022.

Es ist daher eine illusorische Vorstellung, dass die globale Dimension des Konflikts zukünftig wieder verschwindet. Vielmehr muss es darum gehen, aus explosiven, ethnisch-religiösen Auseinandersetzungen Kontroversen zu machen und diese gerade in den zentralen Foren von Zivilgesellschaft und Kultur auszutragen und auszuhalten. Dies würde erfordern, dass diverse, auch kollidierende Erfahrungen und Erinnerungen (und Sichtweisen) der Hunderttausenden Menschen, die aus Israel/Palästina stammen und in Deutschland leben – Erfahrungen von Vertreibung, Flucht, Staatenlosigkeit, Krieg, Attentaten, Diskriminierung, Verhaftung, Folter –, ihren Platz im öffentlichen Raum finden können.

Nach den Massakern der Hamas am 7. Oktober war oft von »Kontext« die Rede – nicht ohne Grund, wenn auch nicht mit viel Anstand den Opfern gegenüber. Etwas in einen Kontext zu stellen bedeutet, nach Ursachen, Konnexen und Folgen zu fragen. Genau das versuchten israelische Regierungsvertreter durch Gleichsetzung der Hamas mit dem IS oder dem NS-Regime zu verhindern. Ihr Ziel war es, die Hamas als das Böse darzustellen, das unabhängig von Umständen agiert. Abgewendet wurde mit derartigen Gleichsetzungen nicht nur die Frage, ob mit der Hamas verhandelt werden könne, sondern vor allem, ob an der politischen Ordnung in Israel/Palästina etwas geändert werden müsse. Es ist der Versuch, sich nicht nur von den Vorschriften des Völkerrechts, sondern auch von der politisch-moralischen Verantwortung für die eigenen Worte und Taten zu befreien – ein vertrauter Zug eines jeden autoritären Regimes.

Die Vergleiche und Begriffe, mit denen Israel in den letzten Monaten nicht nur als politisches System, sondern als für viele Menschen identitätsstiftende Geschichte, Erfahrung und gelebte Realität grundlegend abgelehnt wird, sind nicht immer so explizit menschenverachtend wie die offizielle israelische Kriegspropaganda. Letztendlich zielen sie aber auf dieselbe Selbstbefreiung von der Verantwortung für die eigenen Worte und deren Folgen. Die Konsequenzen dieser Dämonisierung spüren nun jüdische Menschen und Gemeinden weltweit. In Berlin wurde der jüdische Student Lahav Shapira wegen seines proisraelischen Engagements Anfang Februar krankenhausreif geprügelt. Zwei Wochen später hielt in Toronto ein propalästinensischer Aufmarsch vor dem ursprünglich durch die jüdische Gemeinde gegründeten Krankenhaus Mount Sinai und skandierte Intifada-Parolen, während einige Aktivisten das Gebäude erkletterten und eine Palästina-Fahne schwenkten. So reproduziert sich in Europa und Nordamerika jene Dynamik, die Israel/Palästina seit hundert Jahren plagt. Wenn Universitäten und Krankenhäuser zu Kampfzonen werden, zerfällt die Gesellschaft.

Inmitten dieser Eskalation auf Komplexität und Ambivalenz zu pochen, mag je nach politischer Gesinnung opportunistisch, naiv oder feige erscheinen. Wir stecken in einem jener historischen Momente, in denen der Dialog versagt und die Gewalt die Oberhand gewonnen zu haben scheint. Was nützt schon ein Appell zur Zurückhaltung und Vernunft à la Albert Camus während des Algerienkriegs, wenn Frantz Fanon in aller Munde ist? Schließlich haben Camus' politische Nachfahren in Israel ähnlich viel erreicht wie er im kolonialen Algerien – nämlich gar nichts. Der Friedensprozess der 1990er Jahre ist längst gescheitert, im Parlament ist aktuell keine einzige jüdisch-israelische Partei vertreten, die für eine politische Lösung des Konflikts steht. Wo Politik versagt, blüht Gewalt.

Nur: Wenn mit der Forderung »Ceasefire Now« nicht nur ein Ende der Gewalt, sondern auch ein erster Schritt in Richtung politische Transformation gemeint sein soll, wenn mit der Parole »From the River to the Sea, Palestine Shall Be Free« kein algerisches Szenario, sondern eine auf Gleichheit und Gerechtigkeit basierende Lösung gemeint sein soll, dann führt an einer politischen Auseinandersetzung zwischen Erzfeinden, zwischen Kolonisierenden und Kolonisierten kein Weg vorbei. Konstruktiv würde sie nur durch das Erkennen und Erkunden von Ambivalenzen. Die heute noch so radikal klingenden Parolen könnten morgen oder übermorgen schon leer wirken.

Jonas Rosenbrück

An der Seite Israels

Irrwege und Sonderwege

Seit den brutalen Attacken der Hamas am 7. Oktober 2023 und dem darauffolgenden Krieg Israels im Gazastreifen hat sich auch das internationale Bild Deutschlands geändert. Als einer der engsten Verbündeten Israels wird Deutschland verstärkt mit dessen Politik und Kriegsführung assoziiert und erhält für diesen Schulterschluss sowohl Lob als auch Tadel. Scharfe Kritik kam zum Beispiel vom (inzwischen verstorbenen) namibischen Präsidenten Hage Geingob angesichts der deutschen Positionierung »an der Seite Israels« vor dem Internationalen Gerichtshof. Deutschlands Verteidigung Israels gegen Südafrikas Vorwurf, Israel begehe Völkermord im Gazastreifen, sei eine »schockierende Entscheidung«, die Deutschlands »Unfähigkeit« anzeige, »Lehren aus seiner schrecklichen Geschichte zu ziehen« – gemeint war hier der deutsche Genozid im heutigen Namibia von 1904 bis 1908.

Eine zunehmende globale Isolierung lässt sich auch am Abstimmungsverhalten der Mitgliedstaaten der Vereinten Nationen ablesen; hier steht Deutschland gegen eine sehr klare Mehrheit. Bei vielen Künstlerinnen und Künstlern und Intellektuellen nicht nur im Globalen Süden gilt es inzwischen als ausgemacht, dass in Deutschland jede Perspektive, die Kritik an Israel übt, als antisemitisch gebrandmarkt und unterdrückt wird. Die Initiative »Strike Germany«, ein Aufruf an alle Kulturschaffenden, Deutschland aufgrund seiner »Repression« zu boykottieren, wird nicht nur von der Nobelpreisträgerin Annie Ernaux unterstützt, tatsächlich sahen sich Veranstaltungen wie die Berlinale, die Berliner Transmediale und andere Ausstellungen mit (einer allerdings überschaubaren Zahl von) Absagen konfrontiert.

Auf die Kritik an Deutschland lassen sich zwei Antworten geben. Die erste, in der deutschen Presse verbreitet, sieht diese Phänomene als Auswüchse eines postkolonialen Diskurses, der weder Israels noch Deutschlands historische Position und moralische Verpflichtungen versteht. Die zweite Antwort würde solche Ereignisse nicht (oder nicht nur) als Irrwege begreifen, sondern als Hinweis auf ein wirkliches Problem in der deutschen Beziehung zu Israel.

Sicher berechtigt ist die Kritik an Vertretern der Linken, die mit Begriffen unscharf operieren und »Lumping« betreiben, wie es Stefan Hirschauer formuliert hat:[1] Israel wird undifferenziert als »settler colonial« oder gar »weißer« Staat dargestellt. Das geht an der komplexen Geschichte dieses Landes vorbei. Zu einer solchen sowohl intellektuell als auch politisch fragwürdigen Unzulänglichkeit mancher linker Diskurse hat Hannah Arendt bereits 1965 in einem immer noch lesenswerten Austausch mit Hans Magnus Enzensberger entscheidende Punkte genannt. Sie geißelt »einen scheinbaren Radikalismus, der nicht so sehr das Kind mit dem Bade ausschüttet als vielmehr durch Parallelen, bei denen sich irgendein Generalnenner darbietet, vieles Partikulare unter ein Allgemeines subsumiert«.[2] Eine Spielform solchen Subsumierens ist etwa die Identifikation aller jüdischen Menschen mit dem Staat Israel – manchmal fallen dann Kritik an Israel und Antisemitismus zusammen.

Diese Zuflucht zu einem undifferenzierten »Generalnenner« (*settler colonialism*, *whiteness* etc.) ist mit einem weiteren Manko des israelkritischen Diskurses verwandt: der Unfähigkeit oder dem Unwillen, historisch-politische Narrative zu entwickeln, die präzise und behutsam komplexe und scheinbar widersprüchliche Tatsachen artikulieren. Etwa die, dass man in der Vorgeschichte der israelischen Staatsgründung sowohl Flüchtling *als auch* Siedler sein konnte oder dass historischer Opferstatus und aktueller Täterstatus sich *nicht* gegenseitig ausschließen, sondern miteinander verwoben sein können.[3] Der Slogan »It's not complicated«, der bei den vielbeachteten Protesten an der Berliner Universität der Künste zu hören war, ist schlicht falsch. Doch, es ist kompliziert: Die Sicherheit jüdischer Menschen auf der ganzen Welt zu gewährleisten, ist kompliziert; ebenso kompliziert sind die Verknüpfungen von Schoah, Judenvertreibungen, Zionismus und Nakba oder die Tatsache, dass Israelis sowohl historische Traumata als auch das Trauma des 7. Oktober und der andauernden Geiselnahmen in sich tragen *und* gleichzeitig palästinensische Menschen traumatisieren können.

Auffällig ist aber auf der anderen Seite auch die Vehemenz, mit der weite Teile der deutschen Öffentlichkeit jeder Israelkritik wie auch der Sorge um das Wohl der Palästinenser begegnen: Was bedeutet es, wenn die *Welt* einen Podcast mit *Free Palestine ist das neue Heil Hitler* betiteln kann? Welche

1 Stefan Hirschauer, *Eskalationsspirale in Nahost*. In: *Merkur*, Nr. 897, Februar 2024.

2 Hannah Arendt/Hans Magnus Enzensberger, *Politik und Verbrechen: Ein Briefwechsel*. In: *Merkur*, Nr. 205, April 1965.

3 Insbesondere *Naomi Klein on Israel's »Doppelganger Politics«*. In: *On the Nose: A Jewish Currents Podcast* vom 16. November 2023.

Verschiebungen und Projektionen sind hier am Werk? Wie kann es sein, dass Kinder, die ein Palästinensertuch tragen, also ein Kleidungsstück, das seit Jahrzehnten in Deutschland präsent ist, plötzlich eine solche Gefahr darzustellen scheinen, dass sie von Schulleitungen gegängelt werden müssen? Was bedeuten die Absagen an jüdische und nichtjüdische Kulturschaffende wie Masha Gessen, Candice Breitz, Adania Shibli oder Ghassan Hage, deren Meinungen nicht mit den in der Öffentlichkeit dominierenden übereinstimmen? Ein Land, das sich seiner Position in der aktuellen Krise sicher wäre, hätte einen derartigen, in vielen Institutionen wirksamen Konformitätsdruck nicht nötig und mit einer pluraleren Diskussionskultur kein solches Problem.

Der Zionismus vom Standpunkt seiner Opfer

In ihrem Austausch mit Enzensberger schlägt Arendt einen Ausweg aus der Gefahr des »scheinbaren Radikalismus« des »Generalnenners« vor: »Man kann ihr begegnen durch den immer erneuten Versuch, sich am Konkreten festzuhalten.« Ein solches Festhalten würde erfordern, sich weniger für die kleinteilige Diskursregulation (wer unterschreibt welchen offenen Brief?) als für die materiell-strukturelle Lage im Nahen Osten zu interessieren, und zwar in einem doppelten Sinn. Erstens würde dies neben der – richtigerweise – immer wieder stattfindenden Untersuchung und Verurteilung der Aktivitäten der Hamas auch die explizite Benennung und moralische Evaluierung der Effekte der aktuellen Kriegsführung Israels erfordern. Denn in gewisser Hinsicht ist diese Bewertung aufgrund der Positionierung Deutschlands »an der Seite« Israels wichtiger: Deutschland ist materiell und symbolisch mit den israelischen Kriegsaktionen verstrickt, nicht aber mit denen der Hamas; deshalb ist die Bewertung Ersterer dringlicher.

Zu diesen konkreten Fakten gehören, zum Zeitpunkt des Schreibens dieses Essays (Anfang März 2024): mehr als 30000 von Israel getötete Palästinenser, mehrheitlich Frauen und Kinder; die Zerstörung aller Universitäten im Gazastreifen; der fast komplette Zusammenbruch des Gesundheitswesens; die Zerstörung von bis zu 80 Prozent aller Zivilwohnungen in gewissen Gebieten, »a pace and level of devastation that likely exceeds any recent conflict, destroying more buildings, in far less time« laut der *Washington Post*; die öffentlichen Aussagen israelischer Politiker, den Gazastreifen ethnisch säubern zu wollen; die Gefahr einer schrecklichen Hungerepidemie; die glaubwürdigen Vorwürfe wegen Kriegsverbrechen der Israel Defense Forces (IDF). Ist es wirklich vertretbar, all das durch symbolische Solidaritätsbekenntnisse und materielle Waffenlieferungen zu unterstützen?

Um es zugespitzt, aber richtig zu formulieren: Inwiefern gehört die Unterstützung des Tötens Tausender Kinder zur deutschen Staatsräson?

Als Antwort auf diese Fragen hilft es wenig, auf die Hamas zu zeigen und so Israel (und damit auch Deutschland) aus der Verantwortung zu nehmen: Die Gräueltaten der Hamas sind eindeutig aufs Schärfste zu verurteilen und weder mit internationalem Recht noch moralischen Geboten vereinbar. Doch können sie nicht als *carte blanche* für israelische Aktionen dienen. Die Behauptung, dass Israel zu seiner Politik gezwungen wird und deshalb alternativlos handelt – so beispielsweise immer wieder die Betonung Netanjahus –, stellt Israel als hilflosen Spielball dar und spricht dem Staat seinen Status als Subjekt mit einem (selbstverständlich begrenzten) Handlungsspielraum ab. Weder Hamas (wie manche Vertreter der globalen Linken behaupten) noch Israel wurden vom jeweils anderen zu ihren Handlungen gezwungen.

Angesichts der »konkreten« Aspekte der aktuellen Lage im Gazastreifen ist es auch schwierig, dem Argument zu folgen, Israel führe einen »Verteidigungskrieg,« um sein »Existenzrecht« zu sichern. Zunächst einmal ist es zweifelhaft, ob Israels militärische Aktionen – ohne einen Plan für die Zeit nach dem Krieg – das Land mittel- und langfristig sicherer machen und nicht noch gewalttätigere Reaktionen und weitere Radikalisierung hervorrufen. Schon im November schrieb deshalb Susan Neiman: »Even those whose only concern is for Jewish life must know that a widened war will not make Israel safer for long.«[4]

In internationalen juristischen Kreisen drehen sich seit Monaten komplizierte Debatten darum, ob Israel dem humanitären Völkerrecht zufolge ein »right to self defense« für sich in Anspruch nehmen kann, da Hamas möglicherweise als ein »non-state actor« gilt oder da Israel manchen Einschätzungen zufolge de facto als Besatzungsmacht des Gazastreifens agiert; in beiden Fällen würde die entsprechende Notwehrklausel des Völkerrechts nicht zutreffen.

Dringlicher als diese wichtigen juristischen Auseinandersetzungen ist jedoch eine politisch-militärische Bewertung. In dieser Hinsicht ist die Asymmetrie nicht zu übersehen: Was auch immer die Intentionen oder propagandistischen Verlautbarungen der Hamas sind (und diese sind zweifellos schlimm), ihr militärischer Flügel, die Qassam-Brigaden, kämpft größtenteils mit Kleinwaffen, Granatwerfern sowie improvisierten und importierten Raketen. Auch wenn sie damit enormen Schaden anrichten, steht ihnen

4 Susan Neiman, *Germany on Edge*. In: *New York Review of Books* vom 3. November 2023.

Experten zufolge mit dem israelischen Militär eine der hochentwickeltsten und schlagkräftigsten Armeen der Welt gegenüber, die sogar über Atomwaffen verfügt.

Dass Hamas tatsächlich die komplette Zerstörung Israels (im Unterschied zu traumatisierendem und brutalem Leid sowohl von Militär- als auch Zivilpersonen) herbeiführen könnte, ist eine unrealistische Vernichtungsfantasie.[5] Dies wird hinter vorgehaltener Hand auch von israelischem Militärpersonal und amerikanischen Militäranalysten anerkannt. Dass Netanjahus Regierung selbst über Jahre hinweg diese Einschätzung der Hamas als keineswegs existentielle Bedrohung teilte, zeigt sich auch an ihrer indirekten Unterstützung der Gruppe: Die *New York Times* berichtete im Dezember, dass Israel Zahlungen von Milliarden Dollars an Hamas durch Katar (seit dem Ukrainekrieg auch ein zunehmend wichtiger Partner Deutschlands) über Jahre hinweg erlaubte und ermutigte, alles unter der (richtigen) Annahme, die Stärkung der Hamas würde die Palästinensische Autonomiebehörde schwächen und somit eine einheitliche palästinensische Politik und letztlich die Umsetzung einer Zwei-Staaten-Lösung verhindern.

Darüber hinaus schwächt die Art und Weise von Israels Kriegsführung das Selbstverteidigungsargument. Mitte Dezember berichtete CNN, dass fast die Hälfte der von Israel eingesetzten Bomben sogenannte »dumme«, das heißt unpräzise Bomben sind. Marc Garlasco, ein ehemaliger UN-Ermittler für Kriegsverbrechen, schrieb daraufhin auf X, dass dieser Bericht »die Behauptung, es gehe um die Minimierung von Schaden für die Zivilbevölkerung, vollständig widerlegt«. Berichterstatter der Vereinten Nationen schrieben vor Kurzem über Berichte von »gezielten Angriffen auf palästinensische Frauen und Kinder auf der Flucht oder an Orten, an denen sie Zuflucht gesucht haben, und ihrer außergerichtlichen Tötung«.[6] Israelische Soldaten haben auf palästinensische Zivilisten geschossen, die sich Lastwagen mit Hilfsgütern nähern. Irfan Galaria, ein amerikanischer Arzt, der Ende Januar in den Gazastreifen reiste, um mit der Gruppe MedGlobal der katastrophalen medizinischen Lage Abhilfe zu schaffen, berichtet unter anderem von folgendem Vorfall: »On one occasion, a handful of children, all about ages 5 to 8, were carried to the emergency room by their parents.

5 Dieses Kalkül würde sich ändern, wenn weitere geopolitische Akteure wie Hisbollah oder gar der Iran (aktiver) in den Krieg eintreten würden. Auch in dieser Hinsicht scheint es zweifelhaft, dass Israels aktuelles Vorgehen die Bedingungen seiner Existenz langfristig verbessert.

6 *Rights experts call for probe into alleged violations against Palestinian women and girls*. In: *UN News* vom 19. Februar 2024 (news.un.org/en/story/2024/02/1146667).

All had single sniper shots to the head. These families were returning to their homes in Khan Yunis, about 2.5 miles away from the hospital, after Israeli tanks had withdrawn. But the snipers apparently stayed behind. None of these children survived.«[7] Berichte solcher Art lassen sich beliebig multiplizieren. Das Fazit des amerikanischen Arztes: »What I saw wasn't war – it was annihilation.«

Dazu kommen die öffentlichen Statements verschiedener israelischer Politiker und Militärangehöriger. Zwei Beispiele: Ghassan Alian, Generalmajor der israelischen Armee, bezugnehmend auf die Aussage des israelischen Verteidigungsministers Gallant, Israel kämpfe gegen »menschliche Tiere«: »Human animals must be treated as such. There will be no electricity and no water [in Gaza], there will only be destruction. You wanted hell, you will get hell.«[8] Ähnlich schrieb Revital Gottlieb, ein Mitglied der Knesset, auf X: »Bring down buildings!! Bomb without distinction!! Stop with this impotence. You have ability. There is worldwide legitimacy! Flatten Gaza. Without mercy!«[9] Dies sind weder die Aussagen noch die Handlungen eines Staates, dem es einzig und allein darum geht, sich gegen eine unmittelbare und direkte Bedrohung zu verteidigen.

Strukturelle Asymmetrien

Das zweite Set »konkreter« Umstände, die über den aktuellen Krieg in Gaza hinausgehen, aber für dessen Verständnis wichtig sind, ist aus der Perspektive des aktuellen deutschen Diskurses ebenfalls schwierig in den Blick zu nehmen. Hier geht es zunächst einmal um eine gewisse Asymmetrie der Erinnerungskultur: Während die Erinnerung an Schoah und Judenvertreibungen in Deutschland zum Glück lebendig und eindringlich ist,

7 Irfan Galaria, *I'm an American doctor who went to Gaza. What I saw wasn't war – it was annihilation*. In: *Los Angeles Times* vom 16. Februar 2024 (www.latimes.com/opinion/story/2024-02-16/rafah-gaza-hospitals-surgery-israel-bombing-ground-offensive-children). »Einmal wurden einige Kinder zwischen fünf und acht Jahren von ihren Eltern in die Notaufnahme gebracht. Alle hatten Kopfwunden durch Schüsse von Scharfschützen. Diese Familien waren auf dem Rückweg in ihre Häuser in Khan Yunis, ungefähr zweieinhalb Meilen vom Krankenhaus entfernt, nachdem die israelischen Panzer sich zurückgezogen hatten. Aber die Scharfschützen waren anscheinend geblieben. Keines der Kinder überlebte.«

8 Saree Makdisi, *No Human Being Can Exist*. In: *n+1* vom 25. Oktober 2023 (www.nplusonemag.com/online-only/online-only/no-human-being-can-exist/).

9 Eyal Weizman, *Exchange Rate*. In: *London Review of Books* vom 2. November 2023 (www.lrb.co.uk/the-paper/v45/n21/eyal-weizman/exchange-rate).

ist selbst das Wort »Nakba«, das sowohl die gewalttätige Vertreibung von etwa 750000 Palästinensern während der Staatsgründung Israels als auch die andauernde »Katastrophe« (so die Bedeutung des arabischen Wortes) der palästinensischen Unterdrückung bezeichnet, größtenteils unbekannt. Es geht nicht darum, wie auch immer geartete Parallelen zwischen palästinensischem Leid und jüdischem Leid zu ziehen, sondern um Lehren aus den komplexen Verbindungen allen menschlichen Leids. Wer sich mit der Nakba nicht auseinandersetzen will, wird die Perspektive großer Teile der Welt auf den Nahen Osten und auf Deutschland nicht verstehen.

Auch politisch gibt es wichtige Asymmetrien und Differenzierungen: Israel agiert in Teilen des Nahen Ostens weiterhin als Besatzungsmacht, relegiert arabischstämmige Bürger de facto (und teilweise de jure) zu einem Zweite-Klasse-Status und behandelt auch innerhalb der jüdischen Bevölkerung nicht alle Gruppen mit gleichen Rechten (zum Beispiel bei Fragen des Heiratsrechts). Dazu kommen eine kontinuierliche Demolierung palästinensischer Häuser, die Jahrzehnte andauernde Blockade und periodische Bombardierung (von israelischen Politikern euphemistisch als »mowing the lawn« bezeichnet) des Gazastreifens, der dadurch schon vor dem aktuellen Krieg zum »größten Freiluftgefängnis der Welt« geworden war, eine stetig anwachsende Siedlungspolitik, die versucht, tiefer und tiefer in das Westjordanland einzudringen, und enorme Einschränkungen der Bewegungsfreiheit.

Mindestens aufgrund der Verquickung von jüdischer Identität und israelischem Staat, wie sie insbesondere das 2018 verabschiedete Nationalstaatsgesetz festschrieb, gilt, was der israelische Philosoph Omri Boehm schrieb: »A Jewish state cannot be a liberal democracy.«[10] Boehm war 2021 ein offizieller Reisebegleiter von Bundespräsident Frank-Walter Steinmeier auf dessen Israelreise. Was würde es für die deutsche Politik bedeuten, auch während des aktuellen Krieges diese strukturellen Argumente nicht aus den Augen zu verlieren, sondern in die Analyse sowohl des Ursprungs der Gewalt als auch der moralischen Verpflichtungen Israels und Deutschlands einfließen zu lassen, wie es große Teile der Welt schon tun? Eine solche Frage aufzuwerfen, impliziert keineswegs, die lange Liste politischen und moralischen Versagens auf palästinensischer Seite zu entschuldigen. Es bedeutet stattdessen, einen klaren und unverstellten Blick auf die Realität des Staates zu gewinnen, dessen Sicherheit man zur deutschen Staatsräson gemacht hat.

10 Omri Boehm, *Haifa Republic. A Democratic Future for Israel*. New York Review Books 2021.

Vor dem Hintergrund dieser strukturellen Asymmetrien in Israel und Palästina lässt sich auch das häufig angeführte Argument, der 7. Oktober stelle eine »Zäsur« oder gar einen »Zivilisationsbruch« dar, in einem neuen Licht betrachten. Eine Zäsur – ein grausamer Einschnitt – war es ohne Zweifel für jüdische Israelis und alle diejenigen, die sich eng mit deren Perspektive identifizieren. Aber war es dies auch für Palästinenser? Aus der Position jüdischer Israelis erscheinen die Hamas-Attacken als Einbruch der Gewalt in eine ansonsten weitgehend friedliche oder zumindest stabile Existenz. Palästinensische Schriftsteller und Aktivisten wie Mohammed El-Kurd hingegen betonen immer wieder, diese Stabilität und relativ gewaltfreie Existenz seien schon *vor* diesen Angriffen eine partielle Fata Morgana gewesen. Die Sicherheit und Stabilität, in der sich jüdische Israelis wähnten, beruhte immer auch auf der andauernden Gewalt, die der Staat Israel gegen die von ihm in einen Zweite-Klassen-Status relegierten Palästinenser ausübt. Vor dem 7. Oktober hatten israelische Kräfte 2023 schon mehr als zweihundert Palästinenser getötet, ohne dass dies viel internationale Aufmerksamkeit erregt hätte. Für El-Kurd stellt der 7. Oktober nur insofern eine Zäsur dar, als er das Ende der relativen Sicherheit jüdischer Israelis und den Beginn einer intensivierten Gewalt markiert, die niemanden mehr ausspart. Verstehen kann man die Gewalt des 7. Oktober deshalb nur, wenn man sie als einschneidend *und auch* als mit dem größeren Netz einer andauernden Gewalt verwoben ansieht. Auch dieses Verständnis kommt keineswegs einer moralischen Rechtfertigung gleich, die Verantwortung für den 7. Oktober liegt bei Hamas, aber ohne ein solches Verständnis lassen sich keine Wege aus der Gewalt aufzeigen.

Die Funktionen toter Winkel

Das »Konkrete« dieser höchst komplexen Situation wird nicht zuletzt von den wiederholten Anrufungen der deutschen »Staatsräson« aus dem Blickfeld gedrängt, Anrufungen, die die Sicherheit Israels – nicht die Sicherheit jüdischer Menschen, sondern die Sicherheit Israels[11] – als sine qua non deutscher Politik darstellen und dadurch auch Debatten über Israels aktuelle Kriegsführung oder die politischen Strukturen des israelischen Staats marginalisieren. Es scheint einfacher, darüber zu diskutieren, ob und wie der deutsche Kulturbetrieb wirklich Künstler zensiert, die von Israel als »Apartheidstaat« sprechen, als die Frage zu stellen, ob Israel ein Apartheidstaat

11 Vgl. die Rede von Bundeskanzlerin Merkel vor der Knesset am 18. März 2008 in Jerusalem.

ist. Letzteres wird mittlerweile von nicht wenigen Israelis, nichtisraelischen Juden und internationalen Forschern und Menschenrechtsorganisationen nicht nur als Frage gestellt, sondern durchaus affirmativ beantwortet.[12]

Solche toten Winkel, in die Fragen verschwinden, erfüllen wichtige Funktionen. Vier davon sollen hier kurz skizziert werden. Zunächst ermöglichen diese toten Winkel das Selbstverständnis der Deutschen als »gut«, vielleicht sogar als so etwas wie das moralische Gewissen Europas, nach folgender Logik: Die Existenz Israels ist Teil der Wiedergutmachung deutscher Schuld; ergo ist die Unterstützung Israels wesentlicher Teil des moralischen Status Deutschlands. Angesichts der Lage im Gazastreifen ist ein solches Selbstbild nur unter Ausblendung der palästinensischen Perspektive möglich: Die aktuelle Kriegsführung Israels ist mit der Anforderung einer universalistischen Ethik, die den Schutz allen Lebens fordert, unvereinbar.

Damit verbunden ist das deutsche »Gedächtnistheater«, wie es der Soziologe Michal Bodemann als Begriff eingeführt hat. Hierdurch versichern sich nichtjüdische Deutsche ihres Selbstverständnisses als Bewohner eines vormals schuldigen, aber nun gut gewordenen Landes. Dies funktioniert jedoch nur, wie Max Czollek, Sasha Marianna Salzmann und andere demonstriert haben,[13] wenn jüdische Menschen Statisten bleiben und zu einer abstrakten, homogenen Figur verschmelzen. Die radikale Diversität jüdischen Lebens in Deutschland und weltweit muss ausgeblendet werden. In dieser Hinsicht ersetzt der Staat Israel – als homogen imaginiert – in der deutschen Vorstellung die einzelnen, konkreten jüdischen Menschen. Letztere reichen schließlich von antizionistischen oder israelkritischen Jüdinnen wie Naomi Klein, Masha Gessen und Judith Butler über israelische Juden, die sich aktiv der aktuellen Kriegsführung verweigern, bis hin zu Benjamin Netanjahu und israelischen Soldaten, die auf TikTok Videos einstellen, die die Zerstörung palästinensischer Wohnhäuser feiern. Diese Diversität wird durch den Staatsräson-Diskurs zum Verschwinden gebracht.[14]

12 Amnesty International, *Israel's apartheid against Palestinians* vom 1. Februar 2022 (amnesty.org/en/latest/campaigns/2022/02/israels-system-of-apartheid/); Human Rights Watch, *A Threshold Crossed. Israeli Authorities and the Crimes of Apartheid and Persecution* vom 27. April 2021 (hrw.org/report/2021/04/27/threshold-crossed/israeli-authorities-and-crimes-apartheid-and-persecution); Lemma »Apartheid« in *B'Tselem* (btselem.org/topic/apartheid).

13 Max Czollek/Sasha Marianna Salzmann, *Desintegration: Ein Kongress zeitgenössischer jüdischer Positionen*. Berlin: Kerber 2017.

14 Zu ähnlichen Fragen vgl. Susan Neiman, *The Gessen affair and Germany's ignorance about Jews*. In: *New Statesman* vom 18. Dezember 2023 (www.newstatesman.com/ideas/2023/12/masha-gessen-hannah-arendt-germany-jews).

Drittens geht es hier auch um eine Logik der Aus- und Verlagerung, in einem doppelten Sinn. Zum einen wird immer wieder zur Verteidigung Israels das Argument herangezogen, dass jüdische Menschen – nach 1945 und heute – Zuflucht und Schutz bräuchten und verdienten. Natürlich ist angesichts eines unverkennbar wachsenden Antisemitismus für die Forderung nach Schutz jüdischen Lebens zu kämpfen. Es sollte jedoch zu denken geben, wenn der Ethnonationalstaat Israel als die *einzige* oder *primäre* Garantie eines solchen Schutzes dargestellt wird. Ob Nationalstaaten wirklich eine geeignete politische Form sind, Zuflucht und Schutz zu produzieren und zu garantieren, stellte Hannah Arendt schon 1944 in ihrem wichtigen Essay *Zionism Reconsidered* infrage. In Bezug auf jüdische Hoffnungen auf einen »eigenen« Nationalstaat der Juden schrieb sie: »We have been seeing the catastrophic decline of the national-state system in our time. The new feeling that has grown among European peoples since the first war is that the national state is neither capable of protecting the existence of the nation nor able to guarantee the sovereignty of the people.«[15]

Arendt leitet genau daraus ihre Kritik am nationalistischen Element des Zionismus ab und setzte sich stattdessen wiederholt für eine föderale Lösung ein. Ebenso bedenkenswert ist die Botschaft, welche die enge Verknüpfung von jüdischer Sicherheit und dem Staat Israel an jüdische Menschen sendet, die in der Diaspora leben: Denn hier wird konzediert, dass die Diaspora weiterhin zumindest potentiell unsicher bleibt und dass letztlich nur Israel, nicht die tatsächliche Heimat der in Deutschland, den USA usw. lebenden Menschen, als ultimativer Zufluchtsort geeignet ist. Antiantisemitische Politik sollte sich stattdessen an folgender Maxime orientieren: Jüdische Menschen haben, egal wo sie leben, genau dort ihre ultimative Heimat und Zuflucht.

Zum anderen lassen sich Teile der unbedingten offiziellen deutschen Identifizierung mit dem Staat Israel auch als eine Art »proxy nationalism« und »proxy militarism« interpretieren.[16] Während eine nationalistische oder sogar nur eine nationale Haltung, insbesondere bei der deutschen Linken, immer noch suspekt ist, lässt sich dies auf den sich selbst ethnisch-religiös definierenden Nationalstaat Israel verschieben und dadurch ausleben. Israel, wie Thomas E. Schmidt vor kurzem schrieb, »erinnert die Deutschen an die vermeintlichen Untugenden, die sie für sich überwunden zu haben

15 Hannah Arendt, *The Jewish Writings*. New York: Schocken 2007.

16 Emily Dische-Becker, *The German Question*. In: *The Dig Radio*, Episode vom 31. Januar 2024.

glauben: Nation, Militarisierung, Heroismus, Opferbereitschaft, Kampfwillen, Krieg«.[17]

Dieser stellvertretende Nationalismus führt zum letzten und vielleicht wichtigsten Punkt: der Rolle der unhinterfragten Israelsolidarität im wiedererstarkenden deutschen Nationalismus aus eigenem Anbau. Symbolisch lässt sich dies daran festmachen, dass die 2019 verabschiedete Anti-BDS-Resolution als Antwort auf eine AfD-Initiative entstand. Oder daran, dass die vielbeachtete Rede des Vizekanzlers Robert Habeck zu Israel und Antisemitismus am 2. November 2023 in erster Linie muslimische Menschen in Deutschland als potentiell antisemitische Gefahr darstellte. Politisch zeigt es sich daran, dass die Rede vom sogenannten »importierten Antisemitismus« – eine Strategie der Externalisierung – und der Ruf nach Abschiebungen »im großen Stil« sich nicht auf dubiose Treffen in einem Landhotel in Potsdam beschränken, sondern mittlerweile zur Alltagskost der regierenden Mitte-links-Koalition gehören. Dass der Fokus des Antiantisemitismus nicht auf den rechtsextremen Elementen liegt, von denen die überwiegende Mehrzahl antisemitischer Angriffe ausgehen, sondern sich verstärkt auf nichtweiße, migrantische oder auch jüdische Menschen richtet, legt nahe, dass zumindest Teile der antiantisemitischen Arbeit von xenophoben und rassistischen Motiven kooptiert wurden.

Erinnerungskulturen

Wenn die Deutschen aus der Erinnerung der Schoah primär die Solidarisierung mit dem israelischen Staat als Teil der Staatsräson ableiten, haben sie damit sowohl *zu viel* als auch *zu wenig* aus der Vergangenheit gelernt. Die Lehre aus der unermesslichen Schuld Deutschlands an der Schoah sollte das Einstehen für jegliches – auch durch den israelischen Staat – von Gewalt und Tod bedrohte Menschenleben sein. Eine bessere Erinnerungskultur würde die Skepsis gegenüber allen ethnisch definierten Nationalstaaten und die Verurteilung aller Kriegsverbrechen einschließen. Sie würde auch ein Ende der weiterhin stattfindenden indirekten Zensur von israelkritischen Perspektiven durch Drohung mit Nichtgewährung beziehungsweise Streichung von Fördergeldern, Entzug von Preisen oder De-Platforming in staatsnahen Räumen und Institutionen bedeuten und somit einen klareren Blick auf die Lage im Nahen Osten zulassen.

In dieser Hinsicht sollten die vor dem 7. Oktober begonnenen, aber in den letzten Monaten auf Eis gelegten Debatten über die deutsche Erinnerungs-

17 Thomas E. Schmidt, *Deutschland wird sich fremd*. In: *Zeit* vom 1. Januar 2024.

kultur gerade jetzt weitergeführt werden: so zum Beispiel die Diskussionen über die Verbindungen zwischen Kolonialismus und Nationalsozialismus, wie sie Jürgen Zimmerer und andere angestrengt haben; über die verschiedenen Definitionen von Antisemitismus und die notwendige Unterscheidung von Antizionismus und Antisemitismus; über die vielfältigen Dimensionen der Erinnerungskultur einer postmigrantischen Gesellschaft; und über die Möglichkeit, eine »neue Grammatik« zu entwickeln, die die ungleichen Verstrickungen von Holocaust und Nakba benennbar macht.[18]

Arendts Warnung, nicht auf einen vagen »Generalnenner« zu verfallen, trifft in diesen Debatten gerade nicht zu: Es geht hier nicht darum, historisch teilweise sehr verschiedene Ereignisse gleichzusetzen oder zu »relativieren«, sondern das Konkrete der historischen Verwicklungen in den Blick zu nehmen und daraus Konsequenzen zu ziehen. Der Widerstand gegen solche Debatten zeigt an, wie sehr sich das deutsche Selbstverständnis auf eine verengte Erinnerungskultur beschränkt hat und dass eine Art Trauerarbeit nötig sein wird, um überkommene Selbst- und Israelbilder der Realität anzupassen.

Andere Wege

Momentan wird aus der Schoah nicht nur abgeleitet, dass Deutschlands Beziehung zu Israel besonders und einzigartig ist, sondern auch, dass diese Einzigartigkeit nicht als intensivierte moralische Wachsamkeit in *alle* Richtungen (und damit auch bezüglich des Staats Israel) verstanden werden sollte, sondern als ein Art »politics of deference«,[19] wo jegliche Kritik an Israels Politik immer durch eine letztlich doch unbedingte Solidarisierung »an der Seite« Israels relativiert wird. Die aktuellen Schwachstellen einer solchen Positionierung lassen sich exemplarisch an der wohl israelkritischsten Politikerin der Bundesregierung, Außenministerin Annalena Baerbock, zeigen. Sie hat sich zu verschiedenen Zeitpunkten als »besorgt« über die »humanitäre Lage« in Gaza gezeigt und eine temporäre Feuerpause eingefordert. Wie wirkungslos diese Äußerungen sind, zeigt sich daran, dass Baerbock sie immerzu wiederholt, mit zum Teil identischen Formulierungen, ohne dass die Lage sich verbessert. Am 7. November 2023 sprach sie von einer »furchtbaren Lage« für Zivilisten in Gaza; einen Monat später, am

18 Bashir Bashir / Amos Goldberg (Hrsg.), *The Holocaust and the Nakba. A New Grammar of Trauma and History*. New York: Columbia University Press 2018.

19 In Anlehnung an Olúfẹ́mi O. Táíwò, *Elite Capture. How the Powerful Took Over Identity Politics (And Everything Else)*. Chicago: Haymarket 2022.

8. Dezember, dann von einer »katastrophalen« Lage, verbunden mit der Forderung, »Israel muss sein militärisches Vorgehen in Gaza anpassen«. In den zwei Monaten nach dieser Forderung starben fast ebenso viele Menschen in Gaza wie in den zwei vorangegangenen Monaten. Dann am 25. Januar 2024: »Ich bin äußerst besorgt über die verzweifelte Lage der Menschen in Khan Yunis [...] Sie können sich nicht einfach in Luft auflösen.« Daraufhin verschlechtert sich die Lage weiter, unter anderem durch israelische Angriffe auf das Nasser-Krankenhaus in Khan Yunis, so dass Mitte Februar die WHO Gaza als eine einzige »Todeszone« bezeichnet. Am 14. Februar versucht es Baerbock dann noch einmal mit gleicher Formulierung: »In Rafah harren auf engstem Raum 1,3 Millionen Menschen unter furchtbarsten Bedingungen aus [...] Denn die Menschen in Rafah können sich nicht einfach in Luft auflösen.« Wenige Tage später folgen weitere israelische Bombardierungen, die unter anderem eine Moschee und mehrere Wohnhäuser zerstören und Dutzende Menschen töten. Die Definition von politischer Hilflosigkeit ist, immer das Gleiche zu tun und andere Ergebnisse zu erwarten.

Überraschend ist das nicht. Die deutschen Formulierungen der Staatsräson und der Position »an der Seite Israels« unterminieren jeglichen Effekt von geäußerter Kritik: Netanjahu und seine Regierung wissen, dass keine ernsthaften Konsequenzen folgen werden, wenn sie sich über diese Mahnungen hinwegsetzen. Ebenso problematisch ist Baerbocks konsistenter Fokus auf die »humanitäre Lage« in Gaza, der im Einklang mit Deutschlands Funktion als einem der größten Geber humanitärer Hilfe für die palästinensischen Gebiete ist: Der Begriff des »Humanitären« entpolitisiert die Lage in Gaza, rückt sie in die rhetorische Nachbarschaft von humanitären Katastrophen wie Erdbeben oder Überschwemmungen und ermöglicht es so, von Israel als Militärmacht, deren Aktionen dieses Leid aktiv produzieren, abzulenken. Ebenso wichtig ist es zu betonen, dass die aktuelle Zerstörung von Leben und Zivilgesellschaft in Gaza weit über das Restitutionspotential jeglicher humanitären Hilfe hinausgeht. Eine Verbesserung der »humanitären« Lage kann nur durch ein Ende der weiter stattfindenden Zerstörung herbeigeführt werden, und dieses muss somit das primäre Ziel sein. Jegliche Rhetorik der »Besorgnis«, die keine Veränderung der konkreten Lage herbeiführt, ist wenig mehr als gefährliche Augenwischerei.

In Bezug auf die langfristige Perspektive betonen palästinensische Wissenschaftler wie Ahmad Samih Khalidi und jüdische Denker wie Omri Boehm immer mehr, dass die Zwei-Staaten-Lösung, an die sich auch die deutsche Politik weiterhin klammert, realitätsfern und nicht umsetzbar ist: Wie Boehm in seinem Buch *Haifa Republic* dargelegt hat, sind die territorialen Verstrickungen jüdisch-israelischer und palästinensischer Menschen mittlerweile so tief, dass nur ein binationaler Staat oder eine föderale Lösung in der Lage sind, das Land zwischen dem Jordan und dem Mittelmeer für alle dort lebenden Menschen zu einer friedlichen und florierenden Heimat zu machen. Dies würde auch den verstrickten Identitäten der im Nahen Osten lebenden Menschen gerecht werden. In den Worten des Dichters Mahmoud Darwish: »The Jew will not be ashamed of the Arabic element that is in him, and the Arab will not be ashamed to declare that he, too, has Jewish elements… I am the product of all the cultures that have passed through this country: Greek, Roman, Persian, Jewish, Ottoman.«[20] Eine binationale oder föderale Lösung wäre die politische Form einer solchen kulturellen Verwobenheit und die beste Chance auf ein Ende der Gewalt.

Nur die Gutgläubigsten der Gutgläubigen könnten so etwas ernsthaft vorschlagen, lautet die naheliegende Bezichtigung. Auf eine solche Vorhaltung gibt es nur eine Antwort: Es ist noch naiver zu glauben, dass es *ohne* eine föderale Lösung, die allen in Israel und Palästina lebenden Menschen gleiche Rechte verschafft, nicht immer wieder zu Gewalt und Tod kommen wird, wie wir sie heute erleben.

20 Mahmoud Darwish, *Palestine as Metaphor*. Northampton/Mass.: Olive Branch Press 2019.

Marcus Payk

Verfassung in der Zeit

Zur Temporalität des Grundgesetzes

I. Definitivum

Die vielleicht wichtigste temporale Dimension des Grundgesetzes war ihm qua Entstehung eingeschrieben: Es sollte nur ein Provisorium sein, eine vorläufige Ordnung für das Zwischenspiel eines westdeutschen Staates, der mit der Einigung der vier Siegermächte und dem Abschluss eines Friedensvertrags für Gesamtdeutschland sein organisches Ende finden würde. Einzig in diesem Vorstellungshorizont und mit dieser Begründungslogik hatten sich die westdeutschen Ministerpräsidenten im Sommer 1948 zögerlich dazu bereit erklärt, auf die von den westalliierten Siegermächten immer vernehmlicher geforderte Übernahme der politischen Verantwortung einzugehen.

Trotzdem knüpften sie ihre Zustimmung an den Vorbehalt, dass keine verfassungsgebende Versammlung zusammentreten und auch keine Verfassung entstehen dürfe, sondern lediglich ein von den Landtagen gewählter Parlamentarischer Rat, der ein Grundgesetz für die temporäre Reorganisation deutscher Staatlichkeit entwerfen würde. Darin lag einerseits Sorge um die Integrität des Nationalstaats. Weder sollte die Bevölkerung in der Sowjetischen Besatzungszone ausgeschlossen noch künftige Territorialregelungen präjudiziert werden; auch politische Bedenken der Ministerpräsidenten, in eine Rolle als »Spalter« geschoben zu werden, spielten eine Rolle.

Nicht weniger wichtig, vielleicht sogar wichtiger, war andererseits jedoch der Unwille, an einer Verfassungsgebung unter Kontrolle der Besatzungsmächte mitzuwirken. Vor allem die in den Frankfurter Dokumenten ungeschickt angedeutete Verknüpfung zwischen einer von deutscher Seite zu entwerfenden Verfassung und einem von alliierter Seite aufzustellenden Besatzungsstatut stieß auf Kritik. »Solange wir in unserer Willensbildung nicht frei sind, kann man von einer Verfassung nicht reden«,[1] meinte etwa der niedersächsische Landeschef Hinrich Kopf bei einem Treffen auf dem Rittersturz oberhalb von Koblenz, und auch andere Stimmen insistierten auf einer unumschränkten Freiheit der Selbstbestimmung als Voraussetzung einer Verfassungsgebung.

1 Protokoll vom 8. bis 10. Juli 1948. In: *Der Parlamentarische Rat, 1948–1949. Akten und Protokolle [= PRAP]*. Bd. I. München: Oldenbourg 1975–2009.

Dieser staatsrechtliche Purismus war kaum durchzuhalten. Schon auf dem im August 1948 stattfindenden Verfassungskonvent von Herrenchiemsee bestand Konsens, dass die Chance ergriffen und eine Vollverfassung erarbeitet werden solle, selbst wenn es noch Beschränkungen durch die Besatzungslage gebe und sich eine souveräne Handlungsfreiheit nur schrittweise zurückgewinnen lasse. Das Provisorische lag demnach weniger in den Regelungen des Grundgesetzes »als in deren innere[r] Begrenzung auf die durch den äußeren Zwang heute noch eingeschränkten Möglichkeiten«.[2] Gedacht wurde auch hier nicht allein an die fehlende Einbeziehung der Sowjetischen Besatzungszone oder der Gebiete unter polnischer Verwaltung, sondern ebenso und vorrangig an den Fortbestand alliierter Rechte etwa in der Außenpolitik oder in Wirtschaftsfragen. In welchem zeitlichen Horizont diese Beschränkungen entfallen würden, ließ sich auch auf Herrenchiemsee nur spekulativ beantworten, was den einflussreichen SPD-Politiker Carlo Schmid nicht daran hinderte, für die vorläufige Verfassung ein konkretes Verfallsdatum zu fordern; aus seinem Vorschlag eines automatischen Ablaufs zu einem vorab definierten Zeitpunkt erwuchs schließlich eine Vorform des Art. 146 GG.

Dem politischen Geschehen ließen sich trotzdem keine Fristen setzen. Am 1. September 1948 trat in Bonn der Parlamentarische Rat zusammen, der auf den Vorarbeiten von Herrenchiemsee aufbaute und bis zum Mai des kommenden Jahres das Grundgesetz ausarbeitete. Auch hier waren sich die Delegierten rasch einig, das Provisorische zwar in der Präambel anzudeuten, ansonsten aber eine vollständige staatliche Ordnung zu entwerfen, deren Geltungsanspruch prinzipiell weder zeitlich noch konditional beschränkt war. Verschiedene Überlegungen, die Vorläufigkeit des westdeutschen Gebildes dadurch zu betonen, dass etwa das Amt des Bundespräsidenten als Staatsoberhaupt aus symbolischen Gründen vakant bleiben solle, konnten sich nicht durchsetzen. Auch der Hinweis auf eine »Besetzung Deutschlands durch fremde Mächte« und die dadurch bedingte eigene Unfreiheit wurde aus frühen Entwürfen der Präambel gestrichen,[3] die am Ende nur undeutlich von einer »Übergangszeit« sprach und davon, dass man auch für jene Deutschen gehandelt habe »denen mitzuwirken versagt war«. Der Vorbehalt des Vorläufigen unterlag insofern von Beginn an einem inneren Widerspruch. Während das Grundgesetz nach außen hin demonstrativ nur ein

2 Bericht über den Verfassungskonvent auf Herrenchiemsee (*PRAP*, Bd. II).

3 So hieß es im ersten Entwurf vom Oktober 1948 etwa: »Dem deutschen Volk aber ist das unverzichtbare Recht auf freie Gestaltung seines nationalen Lebens geblieben. Die Besetzung Deutschlands durch fremde Mächte hat die Ausübung dieses Rechtes schweren Einschränkungen unterworfen.« (*PRAP*, Bd. VII).

Provisorium sein sollte, zielten die inhaltlichen Bestimmungen – darunter nicht zuletzt die später als »Ewigkeitsklausel« apostrophierte Beschränkung der Verfassungsänderung in Art. 79 Abs. 3 GG – unverkennbar auf den Anspruch, den neubegründeten Staat möglichst umfassend auszustatten, in die Rechtsnachfolge des Reiches zu stellen und damit Deutschland als Bundesrepublik neu zu konstituieren.

Und so kam es auch. Während die DDR, die im Oktober 1949 ins Leben trat, programmatisch auf Diskontinuität setzte, verstand sich die Bundesrepublik von Beginn an als einzige legitime Form deutscher Staatlichkeit. Der damit verbundene Souveränitätsanspruch ließ sich mit der Wiederaufnahme diplomatischer Beziehungen, der Wiederbewaffnung oder der Ablösung des Besatzungsstatuts im Rahmen von Generalvertrag (1952) und Pariser Verträgen (1955) innerhalb weniger Jahre in der gewünschten Weise ausbauen; auch mit der Änderung des Grundgesetzes im Zuge der umstrittenen Notstandsgesetzgebung 1968 wurden alliierte Vorbehaltsrechte in die eigene Verantwortung zurückgeholt. Als unlösbares Problem blieb hingegen die Frage der deutschen Teilung bestehen. Zunehmend stellte es sich als mühevoll dar, den Alleinvertretungsanspruch der Bundesrepublik in einer sich wandelnden Welt aufrechtzuerhalten. Zum Ende der 1960er Jahre ging bereits eine Mehrheit der westdeutschen Gesellschaft davon aus, dass eine Wiedervereinigung so rasch nicht zu erwarten sei und ein auf längere Sicht angelegtes Arrangement mit dem zweiten deutschen Staat gefunden werden müsse, wie es die sozialliberale Koalition im Rahmen ihrer Ostpolitik wenig später umzusetzen versprach.

Jede Aufnahme förmlicher Beziehungen zur DDR bedeutete aber eine Absage an die grundgesetzliche Behauptung einer nur provisorischen Ordnung und drohte darum, bereits verfassungsrechtlich zu scheitern. Die Bayerische Staatsregierung rechnete sich gute Chancen aus, als sie den von der Regierung Brandt mit der DDR ausgehandelten Grundlagenvertrag im Frühsommer 1973 im Rahmen eines Normenkontrollverfahrens vor dem Bundesverfassungsgericht angriff. Doch den Karlsruher Richtern gelang ein kunstvolles Urteil, in dem Vergangenheit und Zukunft Deutschlands so geschickt austariert wurden, dass davon keine Störung der Gegenwart ausging. Einerseits wurde die bayerische Klage abgewiesen und die politische Handlungsfreiheit der Bundesregierung bekräftigt; eine »faktische Anerkennung« der DDR müsse von ihrer völkerrechtlichen Anerkennung unterschieden werden und das Ziel einer gesamtdeutschen Zukunft bleibe auch nach dem Grundlagenvertrag weiterhin möglich. Andererseits bekräftigte das Gericht die Verpflichtung aller Organe der Bundesrepublik, dem Wiedervereinigungsauftrag des Grundgesetzes unbeirrt zu folgen und den gesamtdeutschen Anspruch »im Innern wachzuhalten und nach außen beharrlich zu vertreten«.[4]

Diese salomonische Entscheidung, in der sich alle Seiten wiederfinden konnten, macht deutlich, wie durchscheinend die Fassade des Provisoriumsvorbehalts inzwischen geworden war. Mit dem innerdeutschen Arrangement zwischen Bundesrepublik und DDR war ein letztes Relikt der Vorläufigkeit wenn schon nicht beseitigt, so doch erfolgreich eingehegt. Der Status quo bildete zunehmend den Ausgangspunkt der gegenwärtigen Politik, wohingegen die Vergangenheit eines deutschen Gesamtstaates nur noch ein fernes Echo darstellte und alle möglichen Schritte zur Wiedervereinigung in eine unbestimmte Zukunft verbannt wurden. Es ist kein Zufall, dass ungefähr zeitgleich eine steigende Selbstakzeptanz der Bundesrepublik zu konstatieren ist, die sich nicht nur als eigenständiges Staatswesen zu historisieren begann, sondern in der auch der Begriff des »Verfassungspatriotismus« (Dolf Sternberger) als neuartiges postnationales Identifikationsangebot populär wurde. »Das Grundgesetz ist gut und hat sich bewährt«,[5] so lautete eine zum dreißigsten Jahrestag häufig geäußerte Ansicht. Die Vorzüge der westdeutschen Verfassungsordnung, die in ihrer bürgerlichen Solidität ein Jahrzehnt zuvor als allenfalls »antiquiert« empfunden worden waren,[6] traten jedenfalls immer stärker aus dem bloß Transitorischen und Interimistischen heraus.

Die endgültige Entzeitlichung des Grundgesetzes, mit der alle Spuren der Vorläufigkeit abgestreift wurden, erfolgte mit der Deutschen Einheit. Dass sich die Vereinigung der beiden deutschen Staaten im Frühjahr 1990 bald auf einen Beitritt der wiederbegründeten ostdeutschen Länder zum Geltungsbereich des Grundgesetzes nach Art. 23 GG verengte und die Option einer neuen Verfassung rasch aus der Diskussion verschwand,[7] ist zwar oft bedauert worden. Angesichts der Dynamik der »Wende« in der DDR und ihrer zeitlichen Zwänge war diese Entwicklung aber wohl alternativlos. Und selbst wenn der Prozess einer neuen Verfassungsstiftung eingeleitet worden wäre, so wäre das Ergebnis wohl zu hohen Teilen mit dem Grundgesetz identisch gewesen; eine interministerielle Arbeitsgruppe der Bundesregierung hatte

4 BVerfGE 36, 1 ff.

5 Alfred Grosser, *30 Jahre Grundgesetz. Beobachtungen von außen*. In: *Politische Vierteljahresschrift*, Nr. 20/2, 1979.

6 Helmut Lindemann, *Das antiquierte Grundgesetz. Plädoyer für eine zeitgemäße Verfassung*. Hamburg: Wegner 1966.

7 Vgl. Josef Isensee, *Verfassungsrechtliche Wege zur deutschen Einheit*. In: *Zeitschrift für Parlamentsfragen*, Nr. 21/2, Juli 1990.

bereits 1953 (!) festgehalten, dass sich eine neue gesamtdeutsche Verfassung »im Wesentlichen auf eine Revision des Grundgesetzes beschränken« solle.[8]

Über Änderungen wurde mit einer Verfassungsreform zwischen 1992 und 1994 in der Tat nachgedacht. Die Vorschläge der dazu eingesetzten Kommission spiegelten allerdings nur eine allgemeine (westdeutsche) Zufriedenheit mit dem Grundgesetz und beschränkten sich auf einige symbolische Anpassungen. Warum ein Erfolgsmodell aufs Spiel setzen, so lässt sich der Tenor der öffentlichen Meinung zusammenfassen, die der Publizist Robert Leicht schon 1990 in die bündige Feststellung gebracht hatte, dass das Grundgesetz »das Optimum des bisher in Deutschland und anderswo je Erreichten« darstellte.[9]

Diese Äußerung illustriert die allgemeine Begeisterung, mit der das Grundgesetz in den frühen neunziger Jahren zum Endpunkt der historischen Entwicklung erklärt wurde. Bereits im September 1990 waren Präambel, Art. 23 und Art. 146 GG geändert worden, wozu sich die Bundesrepublik im Rahmen des Zwei-plus-Vier-Vertrags verpflichtet hatte, auch um jede Sorge ihrer europäischen Nachbarn vor dem Aufflackern eines deutschen Revisionismus zu bannen. Die Präambel hielt nunmehr fest, dass »Einheit und Freiheit Deutschlands vollendet« seien und das Grundgesetz für das gesamte deutsche Volk gelte. Diese Feststellung wurde in Art. 146 GG nahezu wortgleich nochmals aufgegriffen und bekräftigt, auch wenn im gleichen Atemzug der Vorbehalt einer Ablösung »an dem Tage, an dem eine Verfassung in Kraft tritt, die von dem deutschen Volke in freier Entscheidung beschlossen worden ist«, bestehen blieb.

Mit dieser Klausel, über die in den Narrenzirkeln des Reichsbürgermilieus nach wie vor gerne debattiert wird, blieb zwar ein kleines Fenster in eine nachgrundgesetzliche Zukunft erhalten. Im Vordergrund stand ab den 1990er Jahren jedoch der Gedanke der Vollendung, in der zugleich die Vollkommenheit der eigenen Verfassungsordnung gespiegelt wurde. In vielen Wortmeldungen zeigte sich die Tendenz zu einer beträchtlichen Überhöhung und Sakralisierung des Grundgesetzes als, so etwa Hans-Dietrich Genscher im Jahr 2009, »beste Verfassung der Welt«.[10] Mancher deutsche Staatsrechtler erkannte im Grundgesetz einen neuen konstitutionellen Ideal-

8 Zit. n. Hanns Jürgen Küsters, *Der Integrationsfriede. Viermächte-Verhandlungen über die Friedensregelung mit Deutschland 1945–1990*. München: Oldenbourg 2000.

9 Robert Leicht, *Einheit durch Beitritt. Warum am Grundgesetz rühren? Eine neue Verfassung kann nur schlechter werden*. In: *Zeit* vom 23. Februar 1990.

10 *»Die beste Verfassung der Welt«*. In: *General-Anzeiger Bonn* vom 17. März 2009.

typus, dessen globale Ausstrahlung inzwischen selbst die US-Verfassung in den Schatten stelle;[11] andere Stimmen deuteten es gar als einen Beitrag zum Weltkulturerbe vom Format eines Kant oder Beethoven.[12] Mithin: Zum Ende des 20. Jahrhunderts hatte das Grundgesetz alle Schleier des Provisorischen verloren; das Ende der Geschichte war erreicht, die deutsche Endverfassung trat aus der Zeit.

II. Gegenverfassung zur Vergangenheit

Die eigentümliche Entzeitlichung des Grundgesetzes lässt sich noch auf einer weiteren Ebene erkennen, und zwar – vielleicht paradoxerweise – in seiner vergangenheitspolitischen Dimension. Dass es dem Parlamentarischen Rat in seinen Verhandlungen um die richtigen Lehren aus Krieg und Diktatur gegangen wäre und dass das Grundgesetz darum als eine Antwort auf die totalitäre Herausforderung des Nationalsozialismus konzipiert worden sei, ist eine häufig gehörte Ansicht. Es entspricht der Umformung der Verfassung zur Identitätsressource, wenn Richard von Weizsäcker in seiner Rede zum vierzigsten Jahrestag des Kriegsendes im Mai 1985 prominent auf das Grundgesetz als »Antwort auf Krieg und Gewaltherrschaft« hinwies. Dieser Glaubenssatz hat sich in der politischen Öffentlichkeit bis in die Gegenwart erhalten; immer wieder wird der Verfassungsgeber von 1949 dafür gerühmt, »die Lehre aus dem schlimmen Vergangenen gezogen [zu] haben«.[13]

Diesem Lob ist schwer zu widersprechen, die Wirklichkeit war jedoch komplizierter. Zwar blickten die Mütter und Väter des Grundgesetzes in der Tat in die jüngste Vergangenheit zurück, allerdings weniger auf den Nationalsozialismus als auf die Endphase der Weimarer Republik. Weit im Vordergrund stand die Frage, welche Defizite der Reichsverfassung den Zerfall des Parlamentarismus, den Aufstieg des Nationalsozialismus und seine scheinbar legale Machtübernahme begünstigt hatten. Und selbst dieser Rückblick war nicht unumstritten, da sich zahlreiche Delegierte, deren

11 Vgl. Thilo Rensmann, *Die Genese des »offenen Verfassungsstaats« 1948/49*. In: Thomas Giegerich (Hrsg.), *Der »offene Verfassungsstaat« des Grundgesetzes nach 60 Jahren. Anspruch und Wirklichkeit einer großen Errungenschaft*. Berlin: Duncker & Humblot 2010.

12 Vgl. Peter Häberle, *Das GG als »Exportgut« im Wettbewerb der Rechtsordnungen*. In: Christian Hillgruber/Christian Waldhoff (Hrsg.), *60 Jahre Bonner Grundgesetz. Eine geglückte Verfassung?* Göttingen: Vandenhoeck & Ruprecht 2010.

13 Beispielsweise: Christine Hohmann-Dennhardt, *Die Deutschen und ihr Grundgesetz*. In: Gabriele Abels (Hrsg.), *Deutschland im Jubiläumsjahr 2009. Blick zurück nach vorn*. Baden-Baden: Nomos 2011.

Lebens- und Karriereweg eng mit der ersten deutschen Republik verbunden war, gegenüber jeder gedankenlosen Fortschreibung einer Weimarer Systemkritik verwahrten. »Die Rechtsordnung von Weimar war nicht schlecht«, meinte etwa Theodor Heuss, und er warnte davor, in ihrer Beurteilung der »Suggestion der Hitlerpropaganda« zu erliegen.[14] Dass die Weimarer Reichsverfassung durch Diktatur und Krieg untergegangen sei und nicht einfach wieder in Kraft gesetzt werden könne, war zwar Konsens. Trotzdem zog der Parlamentarische Rat zu keinem Zeitpunkt die grundsätzlichen Entscheidungen der Reichsverfassung für eine föderal organisierte, parlamentarisch-repräsentative Demokratie in Zweifel, sondern konzentrierte sich von Beginn an auf eine Aktualisierung des Weimarer Vorbilds mit punktuellen Korrekturen.

Zu den wichtigsten Aspekten dieser »Weiterentwicklung mit kräftigen Neuakzentuierungen«[15] gehörte eine größere Wehrhaftigkeit. Die Spielregeln von Demokratie und Rechtsstaatlichkeit wurden, anders als in der Reichsverfassung, im Grundgesetz fest verankert und sollten auch durch Mehrheitsentscheidung nicht mehr verhandelbar sein. Was der Nationalversammlung von 1919 vielleicht als undemokratische Beschränkung des Volkssouveräns gegolten hätte, diente nach dem Willen des Parlamentarischen Rats nun der Stabilisierung eines Staates, der sich nicht mehr in naiver Weise dem Volkswillen ausliefern oder seinen Gegnern indifferent gegenübertreten dürfe. Entsprechend wurde auf Plebiszite verzichtet, die Parteien konstitutionell eingebunden und eine starke Verfassungsgerichtsbarkeit vorgesehen. Auch der parlamentarische Prozess wurde auf besondere Weise geschützt, einerseits durch eine abgeschwächte Stellung des Staatsoberhaupts, dem das Notverordnungsrecht des alten Art. 48 WRV entzogen wurde, andererseits durch eine Sicherung der Regierungsfähigkeit in Form eines »konstruktiven Misstrauensvotums« bei unübersichtlichen Machtverhältnissen.

Diese Neuerungen stellten jedoch nicht allein eine Reaktion auf das Erlebte dar, sondern waren oftmals nur eine Wiederaufnahme und Fortführung von Weimarer Reformdebatten. Bereits vor 1933 war beispielsweise über Formen eines modifizierten Misstrauensvotums diskutiert worden, um das Regierungssystem bei fehlenden parlamentarischen Mehrheiten zu stabilisieren. In der politischen Praxis war dieses Prinzip erstmals im April 1932 im preußischen Landtag zur Anwendung gekommen, dessen Geschäftsordnung angesichts der Wahlerfolge der NSDAP so angepasst worden war, dass der

14 Protokoll vom 9. September 1948. In: *PRAP*, Bd. IX.

15 So Horst Dreier, *Die Weimarer Reichsverfassung. Vorbild oder Gegenbild des Grundgesetzes?* In: *APuZ*, Nr. 16–17, 2019.

Ministerpräsident nur noch mit absoluter Mehrheit gewählt werden konnte. Entsprechend kann es nicht überraschen, dass dieses Instrument in selbstverständlicher Weise ab 1946 bereits in die deutschen Landesverfassungen Eingang gefunden hatte und von dort in das Grundgesetz übernommen wurde. Auch an anderer Stelle wurden in den Bonner Verhandlungen vornehmlich Weimarer Diskussionen, Befindlichkeiten und Stimmungslagen fortgeführt. Dass von konservativer Seite schon vor 1933 vielfach mit demokratieskeptischen Anklängen vor einer Tyrannei der Mehrheit gewarnt worden war, schlug sich nun im Gedanken eines selbstbewussten Rechts- und Verfassungsstaates nieder, der sich gegenüber einem wankelmütigen Volkswillen durchsetzen konnte.[16] Es war kein Zufall, wenn etwa Josef Schwalber (CSU) die Auffassung vertrat, mit in den 1920er Jahren diskutierten Plänen für eine Verfassungsreform hätte wohl verhindert werden können, dass sich aus einer »überspitzten Formaldemokratie [...] der zentralistische totale Machtstaat des Dritten Reiches nahezu organisch« habe entwickeln können.[17]

Kann man also von einer modifizierten Fortschreibung der Weimarer Verfassungsordnung im Gehäuse des Grundgesetzes sprechen, so fällt zugleich auf, dass auf jeden expliziten Bezug zum NS-Regime verzichtet wurde. Die meisten Delegierten hegten keine Illusionen, dass konstitutionelle Schranken gegen eine einmal an die Macht gelangte Diktatur nahezu wirkungslos sein würden. In Art. 1 GG wurden zwar Menschenrechte und Menschenwürde beschworen, was sich unschwer als eine Mahnung angesichts der erlebten Verfolgung, Vertreibung und Vernichtung einzelner Bevölkerungsgruppen dechiffrieren ließ. Doch solche Bezüge entsprachen zunächst der zeittypischen Renaissance naturrechtlicher Begründungen und sollten mit ihrem hochtönenden Pathos eine Läuterung der Deutschen signalisieren, blieben in ihrer normativen Qualität jedoch anfänglich unbestimmt. Zur Auseinandersetzung mit dem, was sich in den Augen vieler Zeitgenossen als unselige Verstrickung und dämonische Übermächtigung Deutschlands nach 1933 darstellte, wollte das Grundgesetz jedenfalls kaum beitragen; auch die von alliierter Seite erlassenen Vorschriften zur Entnazifizierung blieben nach Art. 139 GG isoliert neben der deutschen Rechtsordnung stehen.

Eine symbolische Abgrenzung vom Nationalsozialismus, die anfänglich noch einige Fürsprecher gehabt hatte, wurde im Verlauf der Verhandlungen immer öfter für unnötig gehalten. So hatte der erste Entwurf der Präambel noch mit einem Hinweis auf die »nationalsozialistische Zwingherrschaft«

16 Vgl. Clara Maier, *The Weimar Origins of the West German »Rechtsstaat«, 1919–1969*. In: *The Historical Journal*, Nr. 62/4, Dezember 2019.

17 Protokoll vom 9. September 1948. In: *PRAP*, Bd. IX.

begonnen,[18] die »das deutsche Volk seiner Freiheit beraubt« und sowohl kriegerische Verheerungen als auch die gegenwärtige Besatzungslage über Deutschland gebracht habe. Doch dass damit »dem Nationalsozialismus noch ein ewiges Denkmal« gesetzt würde, wie Adolf Süsterhenn beklagte, oder dass nach Theodor Heuss' Worten »der Hitler hereingekommen ist wie Pilatus ins Credo«, wurde bald als unangemessen betrachtet.[19] Auch dass einzig die Kommunisten auf einer sichtbaren Abgrenzung vom NS-Regime beharrten, weil sich damit eine fortdauernde Vorherrschaft von Monopolkapital und Reaktion anprangern ließ, »in deren Auftrag Hitler seine Zwangsherrschaft aufgerichtet hatte«, machte einen Bezug nicht attraktiver. Wenige Wochen später wurde der explizite Hinweis auf den Nationalsozialismus zu einer unbestimmten »Zeit der Willkür und Gewalt« verwischt und entfiel kurz darauf vollständig.[20]

Lässt sich eine Begründung des Grundgesetzes als Verarbeitung der nationalsozialistischen Diktaturerfahrung weder im Parlamentarischen Rat noch in den ersten Jahren nach Begründung der Bundesrepublik finden, so änderte sich das mit den westdeutschen Wandlungsprozessen der 1960er Jahre. Eine verfassungshistorisch wichtige Wegmarke stellte die »Lüth-Entscheidung« des Bundesverfassungsgerichts aus dem Januar 1958 dar. In diesem Grundsatzurteil wurde nicht nur die Meinungsfreiheit als wesentliche Grundlage einer freiheitlich-demokratischen Gesellschaft bekräftigt, sondern der Grundrechtsteil des Grundgesetzes zu einer »objektiven Wertordnung« erhoben, die Staat und Recht ganzheitlich erfassen würde. Eine solche Interpretation der Verfassungsordnung aus einem normativen Guss und Geist stützte sich zwar auch auf den zeittypischen Antitotalitarismus, wie er bereits in den Parteienverboten von SRP und KPD zum Ausdruck gekommen war. Vor allem aber gewann der explizite Hinweis auf die NS-Diktatur und ihre konstitutionelle Verarbeitung im Grundgesetz nun an Bedeutung, wenngleich das zunächst noch über den Umweg einer Wiedergewinnung internationaler Respektabilität erfolgen musste. »Dem deutschen Ansehen hat nichts so geschadet wie die grausame Verfolgung der Juden durch den Nationalsozialismus«, so hieß es dazu im »Lüth-Urteil«, und weiter: »Es besteht also ein entscheidendes Interesse daran, daß die Welt gewiß sein kann, das deutsche Volk habe sich von dieser Geisteshaltung abgewandt und

18 Entwurf eines Grundgesetzes, vorläufige Formulierungen der Fachausschüsse vom 18. Oktober 1948. In: *PRAP*, Bd. VII.

19 Protokoll vom 20. Oktober 1948. In: *PRAP*, Bd. IX.

20 Entwürfe eines Grundgesetzes vom 10. Dezember 1948 und 13. Dezember 1948. In: *PRAP*, Bd. VII.

verurteile sie nicht aus politischen Opportunitätsgründen, sondern aus der durch eigene innere Umkehr gewonnenen Einsicht in ihre Verwerflichkeit.«[21]

Das Narrativ vom Grundgesetz als Ausdruck einer moralischen Läuterung nach den Erfahrungen des Nationalsozialismus gewann in der Folgezeit weiter an Bedeutung, erlebte seinen eigentlichen Durchbruch aber analog zum Aufblühen der westdeutschen Erinnerungskultur erst in den 1980er Jahren. Vor dem Hintergrund der beginnenden Auseinandersetzung mit dem Holocaust, der zögerlichen Akzeptanz der Kriegsniederlage als Befreiung oder der Debatte um die Singularität der deutschen Untaten geriet die demokratische Verfassungsgegenwart fast zwangsläufig zu einem Gegenprogramm zur Diktaturvergangenheit. »Klar in der Ablehnung der Vergangenheit«, so beschrieb ein westdeutscher Staatsrechtler im Jahr 1983 das Anliegen des Grundgesetzes, und er attestiert ihm, noch etwas verschwommen, einen »Fundamentalkonsens der prinzipiellen Abkehr von der historischen Katastrophe Deutschlands«.[22] Den Höhepunkt der symbolischen Aufladung der grundgesetzlichen Wertordnung als Kontrapunkt zum Nationalsozialismus stellte das Wunsiedel-Urteil des Bundesverfassungsgerichts von November 2009 dar. In dieser Entscheidung, die das Verbot eines rechtsextremen Aufzugs im oberfränkischen Wunsiedel bestätigte, wurde festgestellt, dass sich jede Form der Verherrlichung des NS-Regimes außerhalb der verfassungsmäßigen Ordnung bewege und prinzipiell nicht auf das Grundrecht der Meinungsfreiheit berufen könne. Denn die Diktatur des Nationalsozialismus, so hieß es im Urteil, habe »für die verfassungsrechtliche Ordnung der Bundesrepublik Deutschland eine gegenbildlich identitätsprägende Bedeutung, die einzigartig ist und allein auf der Grundlage allgemeiner gesetzlicher Bestimmungen nicht eingefangen werden kann«. Und weiter: »Das Grundgesetz kann weithin geradezu als Gegenentwurf zu dem Totalitarismus des nationalsozialistischen Regimes gedeutet werden und ist von seinem Aufbau bis in viele Details hin darauf ausgerichtet, aus den geschichtlichen Erfahrungen zu lernen und eine Wiederholung solchen Unrechts ein für alle Mal auszuschließen.«[23]

Damit wurde eine Lesart des Grundgesetzes kanonisiert, die, trotz einzelner kritischer Stimmen,[24] bis in die Gegenwart hinein trägt. Mit zuneh-

21 BVerfGE 7, 198 ff.

22 Michael Kloepfer, *Zur historischen Legitimation des Grundgesetzes*. In: *Zeitschrift für Rechtspolitik*, Nr. 16/3, März 1983.

23 BVerfGE 124, 300 ff.

24 Vgl. Horst Meier, *Sonderrecht gegen Neonazis? Über Meinungsfreiheit und Konsensbedarf in Deutschland*. In: *Merkur*, Nr. 733, Juni 2010.

mender Geltungsdauer des Grundgesetzes verblasste also auch hier sein spezifischer Entstehungskontext und wurde von einer identitätsstiftenden, im Kern jedoch ahistorischen Erzählung überlagert, der zufolge die bundesrepublikanische Verfassungsordnung als Verarbeitung des NS-Regimes angelegt sei. Eine solche Deutung mag aus Gründen staatsbürgerlicher Ethik nachvollziehbar und ihr breiter Konsens in der deutschen Gesellschaft durchaus erfreulich sein. Trotzdem handelt es sich um einen Gründungsmythos. Der Parlamentarische Rat zielte auf Sicherungen vor einem erneuten Scheitern der demokratischen Ordnung, nicht aber in erster Linie auf eine Auseinandersetzung mit dem Nationalsozialismus, der von den Delegierten zeittypisch meist als unglückseliges Verhängnis begriffen wurde. Dass die NS-Herrschaft auch und gerade noch lange nach ihrem Ende ex negativo bewusstseinsprägend und identitätsstiftend für den künftigen deutschen Staat sein sollte, hätten sich wohl nur wenige Mütter und Väter des Grundgesetzes vorstellen können.

Das Bemerkenswerte dieser Erzählung vom Grundgesetz als Gegenverfassung zur Schreckensgeschichte des Nationalsozialismus liegt jedoch vermutlich in der Tatsache, dass sie sich inzwischen selbst als historisch darstellt. Vielleicht wird sich in späteren Rückblicken die Phase von den 1980er bis ungefähr in die frühen 2010er Jahre als Epoche herauskristallisieren, in der sich die Bundesrepublik bevorzugt durch eine Abgrenzung von der NS-Vergangenheit definiert habe. Für die ersten drei Jahrzehnte nach 1949, in denen eher der Verlust der staatlichen Einheit, die Konkurrenz zur DDR oder die unsichere Festigung der Demokratie im Vordergrund standen, kann eine solche dominante Bezugnahme kaum festgestellt werden. Schwieriger ist hingegen eine Einschätzung, ob die »gegenbildlich identitätsprägende Bedeutung« der NS-Diktatur seit den späten 2010er Jahren sukzessive wieder an Kraft verliert. Eine solche Vermutung kann derzeit nur Spekulation sein, könnte aber neben dem Verlust der letzten unmittelbaren Zeitgenossenschaft auf die sich rapide verändernden Problemhorizonte der Gegenwart hinweisen; es ist zumindest denkbar, dass der deutschen Gesellschaft eine Beschwörung des Grundgesetzes als Gegenverfassung zum Nationalsozialismus schon in wenigen Jahren anachronistisch vorkommen wird.

III. In der Zeit bleiben

Die Zeit des Grundgesetzes ist trotzdem noch nicht zu Ende. Bereits die formale Ordnung des politischen Prozesses ist eine anhaltende Notwendigkeit und gerade dann unverzichtbar, wenn die Konflikte zunehmen und der Konsens in Grundfragen schwindet. Der Blick auf die gegenwärtige Innenpolitik der USA zeigt auf, wie unerwartet rasch sich ein unter Druck geratenes Gemeinwesen nur noch an dem Gefüge aus konstitutionellen Normen und Praktiken festhalten kann. Ob man allerdings gut beraten ist, in diesen Auseinandersetzungen immer das scharfe Schwert der Verfassungsfeindlichkeit zu zücken, um den politischen Gegner auf juristischem Weg aus der Welt zu bannen, ist eine andere Frage. Sobald es nicht um bloße Randerscheinungen geht, wie es für versprengte Sektierer und Splittergruppen an der linken oder rechten Seite des politischen Spektrums lange gegolten hat, besteht ein erhebliches Risiko, dass auf diese Weise nicht ein Machtkampf gewonnen, sondern Legitimität und Geltungskraft der Verfassung als allseits akzeptierte Ordnung beschädigt werden. Sobald nennenswerte Teile der Gesellschaft nicht mehr innerhalb des konstitutionellen Rahmes vorkommen (dürfen), ergibt sich unweigerlich die Frage, wie und von wem die Verfassung gegen starke Minderheiten oder gar Mehrheiten überhaupt noch garantiert und durchgesetzt werden soll. Man sollte sich keiner Illusion hingeben: In solchen Szenarien sind weder Bürgerkrieg noch Diktatur weit entfernt.

Vielleicht wäre es geboten, die pragmatische Organisation des Politischen als Kernaufgabe einer Verfassung gegenüber dem Anliegen einer normativ-wertebezogenen Besserung von Staat und Gesellschaft wieder stärker hervorzuheben. Dass das Grundgesetz kein Bibelwort ist, mag mit seiner Entzeitlichung, Verheiligung und moralischen Aufladung hier und da aus dem Blick geraten sein. Doch auch wenn das Provisorische dem Vollendeten gewichen ist, kann das Grundgesetz nicht aus dem Lauf der Geschichte heraustreten. Seine Legitimität sollte sich nicht allein auf den Schutz vor dem Vergangenen gründen, sondern muss auch die Fähigkeit zur Gestaltung der Zukunft umfassen. Dass 1948/49 in dieser Hinsicht andere Erwartungen, Hoffnungen und Sorgen bestanden als etwa 1989/90 oder heute, ist für sich genommen trivial. Trotzdem fehlt es bislang an greifbaren Vorstellungen, wie sich die deutsche Verfassungsordnung unter dem Eindruck der übermächtigen Doppelrevolution aus Globalisierung und Digitalisierung, die seit einiger Zeit die hergebrachten Formen des Politischen und des Zusammenlebens grundlegend verändert, erhalten und fortschreiben lässt; hinzu kommen Herausforderungen durch einen beschleunigten Klimawandel, durch eine europäische Integration mit unentschlossenen Bürgern und wankelmütigen Partnern oder durch eine geopolitische Fragmentierung, die gegenwärtig selbst den Gründungskonsens der Vereinten Nationen zu zerrütten scheint.

Dass die Bundesrepublik von diesen Entwicklungen verschont werden wird, dürfte inzwischen keiner mehr annehmen. Allerorten zeigen sich

Spannungen, welche die normative Selbstzufriedenheit des Grundgesetzes auf eine harte Probe zu stellen versprechen. Den sich abzeichnenden Herausforderungen der Zukunft wird man nicht allein mit der Frage beikommen, ob und wie sich eine allgemeine Dienstpflicht für die deutsche Bevölkerung verfassungsadäquat einführen lässt. Einen Vorgeschmack auf künftige Konflikte vermittelt bereits die Debatte um eine ökologische Umgestaltung des deutschen Verfassungsrechts, die inzwischen auch das Bundesverfassungsgericht unter dem Stichwort einer intertemporalen Freiheitssicherung und mit Blick auf den Schutz künftiger Generationen aufgegriffen hat.[25]

So vernehmlich eine solche Anpassung an zukünftige Notwendigkeiten von verschiedenen Seiten eingefordert wird, so ungeklärt sind hierbei zahlreiche Fragen, die im bisherigen Verständnisrahmen des Grundgesetzes nur schwer oder vielleicht auch gar nicht gelöst werden können: Sollten Maßnahmen zum Klimaschutz im Zweifel gegen eine Mehrheit in der Bevölkerung durchgesetzt werden? Wer würde über eine Einschränkung grundrechtlicher Prinzipien wie etwa der Garantie des Eigentums oder der individuellen Freizügigkeit entscheiden? Könnte es sich um einen legitimen Sanktions- oder Kriegsgrund handeln, wenn andere Staaten die planetarische Existenz der Menschheit durch eine fehlende Beachtung von Klima- und Umweltschutzmaßnahmen mutwillig zu gefährden scheinen?

Ähnlich beunruhigende Fragenkataloge lassen sich mühelos für weitere Streitfragen unserer Tage durchspielen: Wie könnte mit einer steigenden Migration umgegangen werden, wenn selbst bei schutzberechtigten Flüchtlingen aus Kriegs- und Bürgerkriegsländern dereinst der Punkt erreicht werden sollte, dass weder staatlich geleistet werden kann noch gesellschaftlich akzeptiert wird, was das Grundgesetz vorschreibt? Ab welchem Punkt einer legalen oder illegalen Zuwanderung würde das vom Bundesverfassungsgericht gesetzte Dogma, die Menschenwürde sei »absolut« zu achten und keiner Abwägung zugänglich, relativiert werden?

Da sich wesentliche Teile des Flüchtlingsschutzes aus dem Völkerecht und EU-Recht ergeben, liegt zudem die Frage nahe, wie sich die bundesdeutsche Verfassungsordnung künftig zum internationalen Recht verhalten wird. Wie lange ließe sich die demonstrative Völkerrechtsfreundlichkeit des Grundgesetzes, die der Bundesrepublik unter dem Label der »offenen Staatlichkeit« ein freundliches Gesicht nach außen verleihen soll, in einer politisch zerklüfteten und zunehmend bellizistischen Welt aufrechterhalten? Würde sich die Bundesregierung zum eigenen Nachteil an internationale Verträge oder europäisches Recht halten, wenn es die Mehrheit der anderen Nationen

25 Vgl. BVerfGE 157, 30ff.

nicht mehr tut? Eine solche Überlegung hätte beispielsweise Implikationen für die Frage, ob Deutschland den Besitz von Atomwaffen anstreben solle, zu deren Verzicht sich mehrere Bundesregierungen auf rechtlich bindende Weise verpflichtet haben.

Derartige Fragen mögen hypothetisch sein und provokant erscheinen. Der Blick in die Geschichte legt jedoch nahe, die Dynamik des Unvorhergesehenen und die Kontingenz der Entwicklung nicht zu unterschätzen. Mit einer selbstzufriedenen, rückwärtsgewandten, nostalgischen Lesart des Grundgesetzes dürften sich künftige Probleme nicht bewältigen lassen. Das heißt nicht, dass die bundesdeutsche Verfassungsordnung vorschnell flexibilisiert werden sollte, etwa zugunsten der Exekutive, und schon gar nicht verbindet sich damit die Vorstellung eines – woher auch immer kommenden – revolutionären Wiederauflebens der verfassungsgebenden Gewalt des deutschen Volkes. Auch einem *pouvoir constituant* dürften keine besseren Antworten auf die Herausforderungen von heute und morgen einfallen als den bestehenden Institutionen des *pouvoir constitué*.

Allerdings mag es sein, dass künftig Entscheidungen von elementarer Bedeutung getroffen werden müssen, die an die Grenzen des bisherigen Auslegungshorizonts des Grundgesetzes stoßen, vielleicht auch darüber hinausgehen. Die deutsche Gesellschaft wäre gut beraten, wenn sie mit diesen Widersprüchen dann konstruktiv umzugehen versteht und die Kernaufgaben einer Verfassung von dem Großprojekt einer Konstitutionalisierung von Staat, Gesellschaft und Welt pragmatisch unterscheiden kann. Nicht eine in der Zeit erstarrte, gleichsam in Bernstein gefangene Verfassung wird uns in Zukunft helfen, sondern nur ein lebendiges und zukunftsoffenes Grundgesetz.

Friedrich Kießling / Christoph Safferling

1949 und wir

Rück- und Ausblicke für eine verunsicherte Republik

Der 75. Jahrestag der Gründung der Bundesrepublik im Mai 1949 wird in diesen Tagen ausgiebig gefeiert. Aus bescheidenen Anfängen in provisorischen Gebäuden entwickelte sich im Laufe der Zeit eine vitale Demokratie, die sich nicht nur in ihrer staatlich-politischen Ordnung als grundsätzlich funktionsfähig erwies, sondern nach und nach auch von ihren Bürgerinnen und Bürgern angenommen wurde. Im Mai 1949 war das so noch nicht absehbar. Im Gegenteil, selbst manche derjenigen, die persönlich die neue Ordnung mitgestaltet hatten, äußerten sich ziemlich skeptisch, ob es denn mit der Bundesrepublik etwas werden könne. Die Dinge seien so gekommen, wie sie gekommen seien, schrieb der SPD-Politiker Carlo Schmid, der im Parlamentarischen Rat selbst kräftig an der Verfassung gearbeitet hatte, nach Verabschiedung des Grundgesetzes und fügte hinzu: »Wir werden versuchen müssen, daraus zu machen, was wir können. Es wird nicht leicht sein.« Sein Kollege von der CDU Heinrich von Brentano, ebenfalls Mitglied im Parlamentarischen Rat, schrieb unter der Überschrift *Schlechte Voraussetzungen – erträgliche Lösungen*, dass das Grundgesetz eine gesunde Entwicklung zumindest »nicht versperrt«.[1]

Der heutige Blick auf die Staatsgründung von 1949 und das Grundgesetz ist ein völlig anderer. Der Beginn der Bonner Republik und deren neue Verfassung werden in der öffentlichen Rede vor allem als Startpunkte der glücklichsten Phase der deutschen Geschichte betrachtet, die bis heute anhält. »Ja, wir leben im besten Deutschland, das es jemals gegeben hat«, so hat es Bundespräsident Frank-Walter Steinmeier am 3. Oktober 2020 zum dreißigsten Jahrestag der Wiedervereinigung ausgedrückt.[2] Dass sich diese Sichtweise in den Festreden der nächsten Wochen und Monate grundsätzlich ändern wird, darf als unwahrscheinlich gelten.

1 Carl[o] Schmid, *Rückblick auf die Verhandlungen*; Heinrich von Brentano, *Schlechte Voraussetzungen – erträgliche Lösungen*. Beide in: *Die Wandlung*, Nr. 4, 1949.

2 Frank-Walter Steinmeier, »*Wir Glückskinder in der Mitte Europas*«. Rede zum 30. Jahrestag der Deutschen Einheit in Potsdam am 3. Oktober 2020.

Doch jenseits der Jubelfeiern trifft das Erinnern auf eine mit sich selbst hadernde Republik. Allenthalben wird gefragt, wie stabil die deutsche Demokratie überhaupt noch sei. Mit bangen Blicken sehen Beobachterinnen und Beobachter auf die in diesem Jahr bevorstehenden Wahlen und die prognostizierten Erfolge der demokratiefeindlichen AfD. Die Bundesregierung versucht sich nicht nur an einem »Demokratiefördergesetz«, sie unternimmt auch Anläufe, mit einer Grundgesetzänderung die Struktur des Bundesverfassungsgerichts für die befürchtete Herausforderung durch eine erstarkte radikale Rechte wetterfest zu machen. Welche Einsichten hält das Gedenken an ihre Geburtsstunde vor fünfundsiebzig Jahren auch vor diesem Hintergrund für die Republik von heute bereit? Was kann das Erinnern zu unseren aktuellen Debatten um den Zustand der bundesdeutschen Demokratie beitragen?[3]

Die lange deutsche Demokratiegeschichte

Eine erste Einsicht betrifft die lange Vorgeschichte der Staatsgründung von 1949. Diese ist erst in den letzten Jahren verstärkt in den Blick der Öffentlichkeit, aber auch der Geschichtswissenschaft geraten.[4] Der Erfolg der Staatsgründung von 1949 beruhte keineswegs nur auf der Abwendung vom Irrweg des Nationalsozialismus oder auf den Vorgaben der Westalliierten. Vielmehr baute er zu einem erheblichen Teil auf den vorhandenen demokratischen Ansätzen und Erfahrungen in der deutschen Geschichte auf. Das beste Beispiel ist das Grundgesetz selbst, das in vielen Bestimmungen wie ein historisch-staatsrechtlicher Kommentar auf die deutsche Verfassungsgeschichte des 19. und 20. Jahrhunderts wirkt. Das gilt für die weitgehend repräsentative Ausgestaltung des Amtes des Staatsoberhaupts, die als Reaktion auf die besonderen Rechte des Reichspräsidenten in der Weimarer Republik zu verstehen ist, aber auch für die durch das konstruktive Misstrauensvotum eingehegten Kontrollmöglichkeiten des Parlaments gegenüber der Regierung. Neben der Konsequenz aus den in dieser Hinsicht sehr weitgehenden Bestimmungen der Weimarer Verfassung sprach aus solchen

3 Dazu ausführlich Friedrich Kießling/Christoph Safferling, *Der Streitfall. Wie Demokratie nach Deutschland kam und wie wir sie neu beleben müssen*. München: dtv 2024.

4 Zum Beispiel etwa die »Stiftung Orte der deutschen Demokratiegeschichte«, die der Bundestag 2021 eingerichtet hat, oder auch die zum Teil heftigen Debatten um die Thesen von Hedwig Richter in *Demokratie. Eine deutsche Affäre* (München: Beck 2020).

Bestimmungen auch noch 1949 eine gewisse Skepsis gegen einen zu ausufernden Parlamentarismus, ein »latenter Antiparlamentarismus«, wie er in Deutschland seit dem 19. Jahrhundert auch bei Anhängern von Parlamentarismus und Demokratie verbreitet war.[5]

Andere Passagen des Grundgesetzes wiederum wurden mehr oder weniger wörtlich und bis in die Details aus der Weimarer Verfassung übernommen. Man vergleiche nur einmal die Bestimmungen über den Bundestag im Grundgesetz auf der einen Seite und den Reichstag in der Verfassung von 1919 auf der anderen. Das gilt auch für die Geschäftsordnung des Bundestages, bei der die Bonner Abgeordneten praktischerweise gleich den Weimarer Text übernahmen. Aber auch die Ende 1951 beschlossene erste eigene Geschäftsordnung enthielt passagenweise Bestimmungen aus dem Vorgängerparlament. Da man 1919 bereits ganz ähnlich verfahren war, fanden sich so in der Bonner Geschäftsordnung Bestimmungen, die noch auf den kaiserlichen Reichstag, ja in manchen Fällen sogar auf das preußische Abgeordnetenhaus von 1848/50 zurückgingen. In Einzelfällen gilt das bis heute. Geradezu wie eine Synthese aus der deutschen Verfassungsgeschichte seit dem Kaiserreich wirkt das für die Bonner Republik allerdings auf gesetzlichem Weg geschaffene Wahlrecht. Mit seinem durch Elemente des Mehrheitswahlrechts ergänzten Verhältniswahlrecht kombinierte es gewissermaßen die Weimarer Erfahrung mit der des bis 1918 geltenden Wahlrechts für den Reichstag.

Solche Beispiele machen deutlich, wie stark die 1949 errichtete Bonner politische Ordnung auf Entwicklungen vor 1933 aufbaute. Dies gilt beileibe nicht nur institutionell und bei den dazugehörigen Rechtstexten, sondern auch ideengeschichtlich-konzeptionell sowie personell. Liest man sich wichtige Demokratiebegründungen der Nachkriegsjahre durch, beruhten diese häufig auf Ideenbeständen und intellektuellen Positionen der Zwischenkriegszeit, die nun für die neue Republik angepasst wurden. Herauskam häufig eine für die alte Bundesrepublik im Kontext der westlichen Demokratien auffällige Orientierung am persönlichen »Gespräch« oder auch dem »besseren Argument«.[6]

5 Andreas Wirsching, *Koalition, Opposition, Interessenpolitik. Probleme des Weimarer Parteienparlamentarismus*. In: Marie-Luise Recker (Hrsg.), *Parlamentarismus in Europa. Deutschland, England und Frankreich im Vergleich*. München: Oldenbourg 2004.

6 Friedrich Kießling, *»Gesprächsdemokraten« – Walter Dirks' und Eugen Kogons Demokratie- und Pluralismusbegründungen in der frühen Bundesrepublik*. In: Alexander Gallus/Axel Schildt (Hrsg.), *Rückblickend in die Zukunft. Politische*

Angesichts dieses deliberativen Überhangs in den westdeutschen Demokratiebegründungen blieben rein konkurrenzdemokratische Positionen, wie sie zum Beispiel bei Ralf Dahrendorf zu finden waren, die Ausnahme. Selbst bei der auffälligsten institutionellen Neuerung des Grundgesetzes, der Einführung eines über die politische Ordnung wachenden Verfassungsgerichts, lässt sich mit einigem Recht fragen, ob dessen Einrichtung nicht erstens mit der latenten Parlamentarismusskepsis sowie zweitens mit der starken Rechtsstaatstradition seit dem Kaiserreich zusammenhing. Denn warum setzte man auf diese Weise in einer Art »Urvertrauen in die Justiz«[7] der Parlamentssuprematie eindeutige Grenzen, obwohl die Justiz im Nationalsozialismus als Kontrollinstanz gegenüber politischem Extremismus so eklatant versagt hatte?

Auch was die personellen Kontinuitäten anbelangt, so lagen diese zu Beginn der Bonner Republik gerade in den führenden Positionen bei den Vertretern Weimars, in Einzelfällen auch noch des späten Kaiserreichs. Die durch den Nationalsozialismus belasteten Jahrgänge übernahmen erst etwas später. Dieser Befund geht deutlich über die beiden bekanntesten Beispiele, Bundeskanzler Konrad Adenauer und Bundespräsident Theodor Heuss, hinaus. Im Parlamentarischen Rat etwa lag das Durchschnittsalter bei etwa 55 Jahren. Sieht man auf die herausgehobenen Mitglieder – Präsident und Vizepräsident, Vorsitzender des Hauptausschusses, Schriftführerinnen – lag es bei über 60 Jahren. Dieser Personenkreis war also im Durchschnitt 1888 geboren. Immerhin drei Mitglieder des Parlamentarischen Rats hatten als Angehörige der Weimarer Nationalversammlung bereits an der Verfassung von 1919 mitgearbeitet, darunter mit Helene Weber auch eine der wenigen Frauen. Erster Alterspräsident des deutschen Bundestages war Paul Löbe von der SPD. 1875 geboren, war Löbe von 1920 bis 1932 mit einer kurzen Unterbrechung Reichstagspräsident gewesen. Mindestens ebenso wichtig wie die rein biografische Kontinuität zur Zeit vor 1933 war, dass Teile des frühen Bonner Führungspersonals sich bereits aus Weimarer Tagen kannten. Sie hatten damit schon eine »Geschichte« miteinander. Bei Konrad Adenauer

Öffentlichkeit und intellektuelle Positionen in Deutschland um 1950 und um 1930. Göttingen: Wallstein 2011; Nina Verheyen, *Diskussionslust. Eine Kulturgeschichte des »besseren Arguments« in Westdeutschland*. Göttingen: Vandenhoeck & Ruprecht 2010.

7 Michael Stolleis, *Schlussbemerkungen*. In: Manfred Görtemaker / Christoph Safferling (Hrsg.), *Die Rosenburg. Das Bundesministerium der Justiz und die NS-Vergangenheit – eine Bestandsaufnahme*. Göttingen: Vandenhoeck & Ruprecht 2013.

spielte dies etwa bei seinen Konflikten mit Gustav Heinemann eine Rolle. Auch den mächtigen ersten Bauernpräsidenten, Andreas Hermes, kannte Adenauer – um nur ein weiteres Beispiel zu nennen – aus früheren Zentrums-Tagen gut.

Für unsere heutige Sicht auf 1949 sind die inhaltlichen und personellen Kontinuitäten zur Zeit vor 1933 von erheblicher Bedeutung. Sie zeigen, dass die Staatsgründung eben keineswegs etwas Äußerliches war, ausgelöst von Niederlage und alliiertem Einfluss. Tatsächlich baute sie auf zeitlich weit zurückreichenden Fundamenten in der deutschen Geschichte auf, die unter den spezifischen Bedingungen der Nachkriegsjahre aktiviert werden konnten. Diese lange deutsche Demokratiegeschichte beschränkt sich auch nicht auf einige wenige, dann aber fehlgeschlagene Punkte wie die Revolution von 1848/49 oder die vermeintlich zum Scheitern verurteilte Republik von Weimar.

Über das Wahlrecht – und dessen Durchsetzung in der Praxis – wurde vielmehr seit Mitte des 19. Jahrhunderts kontinuierlich auf kommunaler, Länder- und dann nationaler Ebene gestritten. Bereits die Abgeordneten des Reichstags waren stolze Parlamentarier mit erheblichem Selbstbewusstsein, die ihrerseits in nicht wenigen Fällen schon auf Parlamentserfahrungen vor 1871 zurückblicken konnten. Rechtsstaat und Tendenzen in Richtung pluralistische Öffentlichkeit regten sich ebenfalls bereits seit dem 19. Jahrhundert auch in Deutschland massiv. Das macht weder das Kaiserreich zur Demokratie noch überdeckt es Probleme der Weimarer Republik. Für unseren heutigen Blick auf die deutsche Demokratie sind es dennoch gute Nachrichten. Sie zeigen, wie tief diese über die Bundesrepublik hinaus in der deutschen Geschichte verankert ist. Demokratische Verfahren und Grundsätze waren weder 1949 noch 1919 »Neuland«, sie waren seit langen Jahrzehnten ein substantieller Teil der politischen und gesellschaftlichen Geschichte Deutschlands.

Arbeit an der Demokratie

Trotzdem sollte man die Demokratie von 1949 nicht vorschnell mit der von heute identifizieren. Vielmehr liegt eine zweite Einsicht beim Blick auf die Staatsgründung von 1949 darin, wie viel »Arbeit an der Demokratie« seitdem geleistet worden ist. Mit anderen Worten: Die bundesdeutsche Geschichte der letzten fünfundsiebzig Jahre ist auch eine Geschichte der ständigen Anpassungen und Modifikationen des politischen Systems beziehungsweise der Demokratie. Wir neigen manchmal dazu, Letztere als ein zeitloses politisches System zu betrachten. Das ist sie aber nicht. Auch

Demokratie hat eine Geschichte und die bundesdeutsche Entwicklung seit 1949 zeigt dies sehr eindrucksvoll.[8]

Gesehen werden kann dies zum Beispiel an dem im Grundgesetz ja nur in den wichtigsten Zügen festgelegten institutionellen Arrangement der Bundesrepublik. Dieses musste sich erst nach und nach einspielen. Das betraf das Verhältnis von Bund und Ländern zueinander, die Zusammenarbeit zwischen den Ministerien und im Kabinett, aber auch das Bundesverfassungsgericht. Dass es eine so große Rolle in politischen Prozessen spielen würde, wie es heute der Fall ist, war keineswegs von Anfang an absehbar, sondern hat sich erst nach und nach entwickelt. Neuverhandlungen des institutionellen Arrangements blieben keineswegs auf die Frühphase der Bundesrepublik beschränkt. Dass Deutschland eine »Parlamentsarmee« hat, bei der der Bundestag über militärische Einsätze entscheidet, geht beispielsweise erst auf das Bundesverfassungsgerichtsurteil von 1994 zu den Out-of-Area-Einsätzen zurück. Auch die Aushandlung des institutionellen Zuschnitts der Demokratie ging und geht kontinuierlich weiter.

Um zu erkennen, wie viele und wie tiefgreifende Wandlungen die bundesdeutsche Demokratie seit 1949 durchlaufen hat, ist dann auch der Blick auf die erheblichen nationalsozialistischen Kontinuitäten der frühen Zeit von Bedeutung. Denn ein Ergebnis der vielen Aufarbeitungsstudien zu bundesdeutschen Behörden aus den letzten Jahren liegt nicht nur darin, die formalen und materiellen NS-Belastungen zahlreicher leitender Beamter und mancher Beamtinnen gezeigt zu haben. Vielmehr wurde offensichtlich, dass die Weltbilder, mit denen viele dieser frühen Behördenmitarbeiter und -mitarbeiterinnen operierten, mit der freiheitlich-demokratischen Grundordnung des Grundgesetzes oft noch wenig zu tun hatten. Es überwog stattdessen bis weit in die 1960er Jahre hinein ein etatistisches Denken, angesichts dessen sich mit Recht fragen lässt, ob die Demokratiegründung nicht eher *trotz* dieses leitenden Personals in den Spitzenbehörden gelang.

Daran durchaus anschlussfähig ist auch das vor einiger Zeit durch die Forschungen der Unabhängigen Historikerkommission zur Aufarbeitung der Geschichte des BND ans Licht gekommene Vorgehen Konrad Adenauers

8 Diese Verzeitlichung der Demokratie ist von der Geschichtswissenschaft noch stärker zu leisten. Ansätze z. B. bei Christina Morina, *Tausend Aufbrüche. Die Deutschen und ihre Demokratie seit den 1980er Jahren*. München: Siedler 2023.

gegen die oppositionelle SPD, die er etwa zehn Jahre lang durch den Auslandsgeheimdienst (!) von Reinhard Gehlen ausforschen ließ.[9] Dieses Verhalten, wie etwa auch Adenauers Position in der *Spiegel*-Affäre 1962, lässt sich ebenfalls nur mit einem etatistischen Denken des ersten Bundeskanzlers begreifen, das den staatlichen Institutionen und deren Vertretern unbedingte Priorität einräumte. Ein Vorgehen, das auch von den Beamten der in der *Spiegel*-Affäre von staatlicher Seite aus federführenden Karlsruher Bundesanwaltschaft uneingeschränkt geteilt wurde.[10] Adenauer war beileibe kein Nationalsozialist, auch wird man ihn weiter als Demokraten bezeichnen, sein Demokratiekonzept – und das vieler anderer in Spitzenpositionen – war aber eben ein anderes (das es im Übrigen auch noch weiter zu ergründen gilt).

Die frühe Bundesrepublik war also eine andere, und eine wichtige Erkenntnis beim Betrachten der Jahrzehnte seit ihrer Gründung liegt darin, wie stark sich die deutsche Demokratie seitdem immer wieder verändert hat. Dies betrifft nicht nur die ganz offensichtlichen Fälle, wie den Liberalisierungsschub des Jahrzehnts um 1970, für den »1968« genauso steht wie der erste »echte« Regierungswechsel zur sozialliberalen Koalition unter Bundeskanzler Willy Brandt. Nach außen weniger spektakulär, in der Sache aber keineswegs von geringerer Bedeutung ist zum Beispiel die enorme Ausweitung der Grundrechtsgeltung, die das Bundesverfassungsgericht in verschiedenen Urteilen vorgenommen hat.

Formuliert und konzipiert sind die Grundrechte im Grundgesetz zunächst als klassische Abwehrrechte des Einzelnen gegen staatliche Einmischung. Das Bundesverfassungsgericht ging allerdings bald über diese Abwehrfunktion der Grundrechte hinaus. Es hat den Grundrechtskatalog damit als »objektive Werteordnung« interpretiert, was nichts anderes bedeutet, als dass die Grundrechte nicht nur im Einzelfall für eine Einzelperson streiten, sondern das Gemeinwesen so gestaltet werden muss, dass die Grundrechte sich optimal verwirklichen lassen. Solange das nicht geschieht, hatte SPD-Rechtspolitiker Adolf Arndt 1959 ausgeführt, bleibt das Versprechen des Grundgesetzes uneingelöst: »Das Bonner Grundgesetz harrt noch seiner Erfüllung. Erst von der Erfüllung seiner Wertentscheidungen her wird das

9 Klaus-Dietmar Henke, *Adenauers Watergate. Die Geheimoperation des BND gegen die SPD-Spitze*. Berlin: Ch. Links 2023.

10 Friedrich Kießling/Christoph Safferling, *Staatsschutz im Kalten Krieg. Die Bundesanwaltschaft zwischen NS-Vergangenheit, Spiegel-Affäre und RAF*. München: dtv 2021.

Bonner Grundgesetz die volle Strahlkraft gewinnen, durch die es uns auf das ganze Deutschland hinweisen will.«[11]

Das Bundesverfassungsgericht hat früh die Gelegenheit ergriffen, die Grundrechtswirkung entsprechend zu gestalten. Ein bedeutende Wegmarke war hier die Entscheidung über die Verfassungsbeschwerde von Erich Lüth vom 15. Januar 1958, die klarstellte, dass Zivilrichter bei ihren Entscheidungen grundsätzlich die Werteordnung der Grundrechte zu respektieren hätten.[12] Damit brach ein neues Zeitalter in der Grundrechtsauslegung an, das sich weit über den Wirkungskreis des Bundesverfassungsgerichts hinaus durchsetzte, nicht nur in verschiedenen anderen Rechtsordnungen, sondern etwa auch in der Rechtsprechung des Europäischen Gerichtshofs für Menschenrechte Beachtung findet. Die Grundrechte stehen als oberste Werte der Rechtsordnung fest und strahlen auf sämtliche Bereiche des Rechtslebens aus. In weiteren Entscheidungen stellte das Gericht immer wieder fest, dass es hiervon auch keine Ausnahme gebe. Nicht in Gefängnissen, in Schulen, in psychiatrischen Kliniken oder in sonstigen »besonderen Gewaltverhältnissen«, denen sich die Einzelnen gegenüber sehen. Niemandem dürfen die Grundrechte vorenthalten werden.

Von ähnlicher Tragweite war das *Spiegel*-Urteil vom 5. August 1966, das in gewisser Weise die Affäre von 1962 erst beendete. Zwar wies das Bundesverfassungsgericht mit Stimmengleichheit die Klage des *Spiegel* gegen das Vorgehen der Staatsmacht in seinem Urteil zurück, gleichzeitig stellte es allerdings in der Begründung die besondere Bedeutung der Presse für die

11 Adolf Arndt, *Das nicht erfüllte Grundgesetz*. Vortrag am 17. Oktober 1959 bei der 2. Bundestagung der Arbeitsgemeinschaft sozialdemokratischer Juristen in Kassel (cvptv.de/wp-content/uploads/2011/02/Arndt_zum_GG_1959.pdf).

12 Lüth, Leiter der Pressestelle des Hamburger Senats, hatte zum Boykott des Films *Unsterbliche Geliebte* von Veit Harlan, dem Regisseur von Joseph Goebbels antisemitischem Hetzfilm *Jud Süß*, aufgerufen. Der Rechtsstreit, der nach dem Boykottaufruf entbrannte, wurde allerdings nicht von Harlan ausgelöst, sondern von den Produzenten und Verleihern des Films. Sie verklagten Lüth auf Unterlassung des Boykottaufrufs, weil dieser zu einer sittenwidrigen Schädigung der Filmgesellschaft im Sinne von Paragraf 826 BGB führen würde. Das Hamburger Zivilgericht verurteilte Lüth antragsgemäß und drohte eine Geld- oder Haftstrafe an, sollte er seine Äußerungen wiederholen. Lüth machte nun von dem neuen Recht der Verfassungsbeschwerde Gebrauch und brachte den Streitfall nach Karlsruhe. Als das Urteil am 15. Januar 1958 erging, war der Film schon längst nicht mehr im Kino zu sehen. Der Senat stellte fest, dass die Entscheidung aus Hamburg das Recht von Erich Lüth auf Meinungsfreiheit nach Artikel 5 Absatz 1 GG verletze und daher aufzuheben sei.

freiheitlich-demokratische Grundordnung fest und erkannte auch hier den »grundsätzlich einschränkenden Einfluss« der grundgesetzlichen Pressefreiheit auf die Landesverratsvorschriften des Strafgesetzbuches explizit an. Die Karlsruher Richter vollzogen mit diesem Urteil gewissermaßen staatsrechtlich den Pluralisierungsschub mit, der sich im Verlauf der *Spiegel*-Affäre in der beinahe einhelligen Kritik am Vorgehen der Staatsmacht gegen ein Presseorgan gesellschaftlich schon gezeigt hatte. Mit der Affäre wie mit dem Urteil ging die Bundesrepublik bis 1966 wichtige Schritte auf dem Weg von einer Demokratie, die vor allem institutionell gedacht war, hin zu einer, bei der die pluralistische Zivilgesellschaft eine entscheidende Rolle spielt.

Die Arbeit geht weiter

In den fünfundsiebzig Jahren ihrer Geschichte zeigte die bundesdeutsche Demokratie sich immer wieder dazu in der Lage, auf gesellschaftliche Umbrüche zu reagieren und die jeweiligen Konflikte im politischen System auszutragen und damit demokratisch zu integrieren. Ein wichtiges Beispiel dafür ist etwa die Entstehung und Etablierung der aus der vielfältigen Protestlandschaft der 1960er und 70er Jahre hervorgegangenen Partei »Die Grünen«, die sich vor allem seit ihrem Einzug in den Bundestag 1983 auf den Weg machte, zu einem selbstverständlichen Bestandteil des politischen Systems der Bundesrepublik zu werden. Die Bonner Republik hatte sich vor dem Hintergrund massiver gesellschaftlicher Umbrüche auch hier als wandlungsfähig erwiesen sowie in der Lage gezeigt, neue Strömungen in das politische System aufzunehmen. Vermutlich ist es genau das, was erfolgreiche und gefestigte Demokratien ausmacht. Sie sind dazu fähig, neu auftauchende Konflikte innerhalb des bestehenden Systems auszutragen und sie so zu »politisieren«.[13]

Voraussetzung für diesen Prozess war zweierlei. Zum einen erwies sich die politische Elite in den begleitenden Konflikten letztendlich als reformfähig beziehungsweise als reaktiv. Sie konnte plausibel deutlich machen, dass sie die vorhandenen Problemlagen wahrnahm und darauf reagierte. Die Politikwissenschaft spricht an solchen Stellen gerne von der notwendigen »Responsivität« der politischen Eliten. Entscheidend war zum anderen aber auch, dass die maßgeblichen Teile der Protestbewegung sich ihrerseits

13 Winfried Thaa, *»Stuttgart 21« – Krise oder Repolitisierung der repräsentativen Demokratie?* In: *Politische Vierteljahresschrift*, Nr. 54/1, 2013.

auf die bestehenden demokratischen Prozesse einließen. Zwar gehörten Regelverstöße noch eine Zeitlang zum politischen und gerade dem parlamentarischen Auftreten der Grünen. Die Grundlagen des demokratischen Entscheidungsprozesses wurden aber letztlich akzeptiert, mitgetragen und damit gestärkt.

Dies alles ging nicht ohne Konflikte und Streit ab. Ganz im Gegenteil, die Auseinandersetzungen der siebziger und achtziger Jahre waren massiv. Am Ende, und das ist im Rückblick vielleicht das Wichtigste, agierten die entscheidenden Kontrahenten aber auf einer ausreichenden gemeinsamen Wertegrundlage, nämlich der der freiheitlichen und pluralistischen Demokratie. Wenn das auch für die Zukunft gelten soll, im Zeichen epochaler Herausforderungen wie dem Klimawandel und angesichts einer politischen »Repräsentationskrise«, in deren Zug das bestehende Modell der repräsentativen Demokratie offenbar für viele Menschen nicht mehr plausibel ist, werden Demokratinnen und Demokraten die anstehenden Debatten selbstbewusst und zukunftsgerichtet führen müssen.

Halbes Verständnis für demokratiefeindliche Positionen aus Sorge davor, weitere Menschen an extremistische Positionen zu verlieren, ist dabei fehl am Platz. Wenn Verfassungsfeinde beständig einer Politik des einheitlichen »Volkswillens« das Wort reden, muss genauso oft wiederholt werden, dass es diesen in pluralen Gesellschaften nicht gibt und dass, wer etwas anderes behauptet, eben kein Demokrat ist. Oder wenn führende Vertreter der AfD, wie Björn Höcke bei seiner Rede am 3. Oktober 2022 in Gera, nicht einfach »nur« rechtsnationale Thesen verbreiten, sondern in Argumentation, Wortwahl und Duktus nichts anderes tun, als an Kernaussagen des Nationalsozialismus anzuknüpfen, dann muss dies in der Öffentlichkeit noch deutlicher werden, als dies aktuell geschieht.[14]

Nicht zuletzt umfasst die Debatte um die beste Form der Demokratie auch heute die Bereitschaft zu substantiellen Veränderungen. Wo müssen wir also vielleicht politische Verfahren umgestalten, wo ist mehr Partizipation nötig, welche politischen Kommunikationsformen haben in Zeiten, in denen jede und jeder in sozialen Medien zur Autorin oder zum Autor werden kann,[15] endgültig ausgedient? Oder weiter: Stimmt die Formulierung der Grund-

14 Vgl. Hendrik Cremer, *Je länger wir schweigen, desto mehr Mut werden wir brauchen. Wie gefährlich die AfD wirklich ist*. Berlin Verlag 2024.

15 Vgl. Jürgen Habermas, *Ein neuer Strukturwandel der Öffentlichkeit und die deliberative Politik*. Berlin: Suhrkamp 2022.

rechte und der Staatsziele in der Verfassung denn noch? Die Bereitschaft zu substantiellen Veränderungen schließt ebenso die Überlegung ein, ob und wo auch das Grundgesetz nach fünfundsiebzig Jahren vielleicht einer größeren Reform bedarf.

Rainald Goetz

Moral Mazes 24

Arbeitsjournal
Frühjahr und Herbst 2019

Das Gefühl beim Notieren: ein Drittel ist brauchbar, ein Drittel sind Wiederholungen, ein Drittel ist unschön. Es deprimiert mich, das nachträglich zu sortieren. Aber im Herbst 2019, als ich mit meinem Polittheaterstück *Reich des Todes* fertig war, wollte ich für das zurückliegende Frühjahr, in dem Michael Rutschkys Tagebuchband *Gegen Ende* erschienen war, eine solche Bearbeitung doch einmal versuchen.

mach es wie die Sonnenuhr
zähl die heitren Stunden nur

Februar

27. Wissen, Unglück, Staunen, Lernen. Lese Joseph und seine Brüder, Höllensturz, Band eins, aber der Josephs-Roman ist kein realistischer Roman, kein historischer, sondern ein manieristischer, ein phantastischer, eine Fantasy-Geschichte.

Kreuz und quer: Peter Sloterdijk, Tagebuch 2, August bis September 2011. Die Menschen sterben, leiden, die Gebirge stehen steinern und unmenschlich da, die Bücher und Sentenzen leben. Ein solches Intellektualitäts-Protokoll bereichert das eigene Denkleben auf tolle Art, es gibt ja eigentlich keine Idee, von der man nichts wissen will, sogar unsympathische Dinge sind in der Denkwelt auf faszinierende Art interessant. Der Tod geht um. Seite 157.

28. Jean Améry, der essayistische Schriftsteller, das Freitod-Buch und das Altern-Buch, um 1978 herum, später Fritz J. Raddatz; die Tatsächlichkeit der Tat des Suizids überstrahlt dann das vorher dazu Geschriebene, man kann das Geschriebene danach nicht mehr richtig ernstnehmen, obwohl die Autoren selber sicher das Gegenteil glaubten, so auch bei Herrndorf.

Wie ist es mit dem WISSEN, es soll da sein, aber sich nicht wichtig nehmen. Ein paar französische Schüler stehen in Gruppe am Brandenburger Tor, nur mit sich selbst beschäftigt, sie brauchen kein Wissen über Berlin, keine Führungen, es reicht ihnen, daß sie hier rumstehen. Aber dann fällt mir

Luhmann ein, wie sich die Beschäftigung mit ihm nie wie ausreichendes Wissen anfühlt, deshalb immer mit Ungenügen am Unwissen erlebt wird, mit Freude am Neuen, das man gerade versteht, an der Unerschöpflichkeit jedes großen Gegenstandes. Wissen soll Aktion sein, nicht Bestand.

März

1. Je weniger die Welt so ist, wie von der Theorie vorhergesagt, umso sicherer sind sich die Polittheoretiker, daß ihre Theorie stimmt, die Welt in Wirklichkeit doch so ist, wie sie sagen, spätestens in der Zukunft so sein wird; Unbeirrbarkeit, Hochmut, logeleihafte Beweise. Wie ich das schöne blaue Buch von Peter Hacks sehe, Zur Romantik.

4. Wir haben gelacht und waren glücklich, das war die Jugend. Foto von Westbam und mir, April 1997, Celebration, 260; heute hat er Geburtstag, 4.3.1965, die Ziffernmusik dieses Datums. Jugend ging bei mir bis etwa 2001, seit 1999 mit Abschiedsschmerzen, danach EXISTENZKRISE. Daß man sein Leben fundamental nicht versteht, gehört zum Lebendigkeitsvorrang, der Blindheit als Bedingung, daß Gespürorientierungen auf verdeckte Art den Lebensweg so steuern, daß es vielleicht gelingt, daß man ihn findet. Wie ich lese in der Schelling-Biographie: 1809. Existenzkrise.

Der IMAGO-ASPEKT verblaßt mit der Zeit, die Person des Künstlers verschwindet aus der Welt, mit ihr auch das Werk, das vom Interesse an der Person mitbelebt war. Aber es ruht dann da irgendwo als das, was es ist, unabhängig vom Akt der Herstellung und dem der Rezeption, nur für sich. Diese Autonomie hat auch was Schönes. Beim Anschauen des Fotoumschlags von Celebration, 1999, mit dem ich zeitweise so unglücklich war, jetzt im Moment, HEUTE MORGEN, allerdings gerade nicht, denn er zeigt mein 1996, genau das also, was er zeigen sollte.

6. Das vielgefeierte Kaffeehausschreiben, hier zuletzt von Ferdinand von Schirach im Zeit-Magazin-Interview wieder gefeiert. Es paßt zu diesem Kollektivraum, daß dort eine Literatur entsteht, die über Gefühls- und Wortfloskeln nicht hinauskommt, dabei aber ganz selbstbewußt der Meinung ist, daß ihr gar nichts fehlt: Konzentration, Eigensinn, Künstlichkeit, Erratik, Krypse.

7. Schonungslosigkeit ist kein Konzept der Wahrheit; und exzessive Explizität dem eigenen Triebleben gegenüber, auch wenn das bei Freud aufklärerisch so angelegt ist, keine gute Methode, sich selbst und das Lebensschicksal, das einem zugelost war, richtig zu verstehen. Michael Rutschky, Gegen Ende.

9. Das UNWOHLWOLLENDE. Scheels höchst zutreffende und zentrale Begriffsbildung zu Rutschkys Tagebuch, zugleich eine Menschlichkeitskategorie, die jedes Tagebuch betrifft, denn im Nahbereich der privaten Kontakte muß das Wohlwollende bestimmend sein, Latenz, Diskretion. Literatur soll vor Negativität bersten, das Tagebuch soll von Güte grundiert sein, wie das Leben. Es ist ein spezifisch 68er-haftes Programm, daß die Grundunterscheidung zwischen öffentlich und privat für falsch gehalten und deshalb mißachtet wurde; mit vielen giftigen Wirkungen auf das Leben der Protagonisten, die ihren Ideen auch noch viel zu entschieden folgsam gefolgt sind, ganz dogmatisch, durch schlechte Erfahrungen nicht belehrbar.

Man trägt die frühen Wunden der Geschlechtlichkeit und Liebe lebenslang mit sich herum, aber doch versöhnt damit durch spätere Erfahrungen, ohne die Phantasie, diese Wunden am Ort ihrer Entstehung, mit dem damaligen Personal auch noch, das ja gar nicht mehr lebt, auch wenn es die gealterten Personen noch gibt, zur Ausheilung bringen zu können, wie Rutschky das versucht. Wodurch ich an die Verliebtheitsgeschichte mit meinem Mittelschulmädchen dachte, mit 15, die mir beim Tanzen ihre beiden Hände flach auf meine Brust legte, urverwirrend, dann im Pasinger Freibad, aber sie hat so die gehemmte Unsicherheit in sexuellen Dingen bei mir mithervorgebracht, die sich später im Leben immer wieder als völlig richtig rausgestellt hat, beim Suchen und Finden der Liebe. Gehemmtheit als Geschenk, wahrscheinlich von der Mutter, die einem nicht nur ihre Liebe gibt, sondern auch die Art, wie sie selbst die Liebe lebte.

12. Nicht schlecht über andere reden. Nicht bösartig scharf beobachten. Nicht zu viel über sich selbst nachdenken. Andere nicht zu sehr belügen oder dauerhaft täuschen. # Gefühle der Scham respektieren, im Nachdenken, im Verhalten. Die fundamentalen Fragen nicht überschlau bestürmen, sie ausreichend offen lassen. Sich selbst nicht für allzu klug halten und Klugheit nicht überbewerten. Güte ist wichtiger als Radikalität. # Trauern, Abschiednehmen, Altern, die Verschlechterungen nicht obsessiv vertiefen. Sich ändern, wo nötig, falsches Verhalten abstellen. Problem Alkohol: weg damit. Vieles, auch vor sich selbst, nicht aussprechen, schon gar nicht schriftlich festhalten. Das Denken nicht frei laufen lassen, von unschönen Gedanken wegsteuern.

Größte Gefahr der Klugheit: Eitelkeit; zweitgrößte: Dummheit. REICH DES TODES. Wie ich paar Zeilen im Tagebuch von Teilhard de Chardin lese, 4. Februar 1916, Tagebücher I, 38.

13. Haben Sie schon Einblick in Ihre Stasiakte genommen? Der falsche Freund. Michael Rutschky, das KLANDESTINE des schriftlichen Festhaltens dessen, was ihm von Freunden und Bekannten privat mitgeteilt wurde, ist ein erstaunlicher Bruch der Vertraulichkeit, ein echter Verrat. Schon Klatsch ist selten so harmlos und amüsant, wie immer gesagt wird, meist ist er zumindest menschlich fies, der Fixationsakt privater Mitteilungen für den öffentlichen Text ist das erst recht, er zerstört das Mitmenschliche zwischen den Menschen, außerdem auch die so wichtige Flüchtigkeit der Mitteilung des in Redeform nur gesprächsweise Gesagten. Es ist ein Verrat an den Freunden und ein Verrat am Gespräch.

Für diese Art Verrat gibt es keine Rechtfertigung. Kurt Scheel berichtet in seinem Vorwort, Michael Rutschky habe sich ihm gegenüber eben damit gerechtfertigt, er hätte eine ihn, Scheel, kränkende Bemerkung nicht auslassen können, »denn so sei es eben gewesen, es werde in diesen Tagebüchern prinzipiell schonungs- und schrankenlos zugehen, rücksichtslos gegen alle, und ich möge doch Nachsicht üben und bedenken, daß er mit sich härter umspringe, sich noch peinlicher selbst entblöße als die anderen. Das stimmte zwar irgendwie, war mir aber kein großer Trost.« Gegen Ende, Vorwort, 7.

Nein, muß man sagen, es stimmt nicht, daß das irgendwie stimmt, Scheel hat Recht damit, daß ihn das nicht tröstet. Aber warum sieht er die Fehlerhaftigkeit von Rutschkys Begründung nicht? Daß der Täter vom Opfer verlangt, es solle gerade mit ihm nachsichtsvoll sein und Mitleid haben, denn er selbst habe noch mehr unter sich zu leiden als seine Opfer, ist schlimmster Täterwahn. DER FALSCHE FREUND. Auch dieser Begriff ist von Kurt Scheel, so hat er sich selbst seine Enttäuschung über den Verrat von Michael Rutschky zurechtgelegt, berichtet Jörg Lau im Nachwort. »Mancher verliebe sich in die falsche Frau, sagte er, und mancher binde sich halt an den falschen Freund.« Gegen Ende, Nachwort, 353.

Allerdings war die Essayistik von Michael Rutschky von Anfang an auf diesem VAMPIRISMUS begründet, andere zu Beispielfiguren der eigenen Theoriespekulationen zu machen, sie dafür ausbeuterisch zu benützen. Ganz programmatisch hat er seine Nah- und Mitwelt auf die Art mißbraucht. Es dauerte paar Jahre, bis ich merkte, daß er das, was ich ihm erzähle, für seine Texte auf eine Art verwendet, mit der ich nicht einverstanden war. Ich hatte ihm anderes erzählt als das, was er dann daraus machte, die Wiedergabe stimmte nicht, er fälschte meine Erzählung für seine Zwecke so zurecht, daß sie seine Theorie belegen konnte. Der Einzelfall-Soziologe war kein guter Reporter des realen Einzelfalls, die Darstellung seiner Beobachtungen am Einzelnen war zu sehr gelenkt von dem, wozu sie als Beleg dienen sollten in seiner Theorie.

Wie hätte man das richtigstellen sollen? Plötzlich war man Textopfer von Rutschkys Texten geworden, im Nachhinein mit aufwühlenden Unwahrheiten über die eigene Person konfrontiert, andere werden Ähnliches erlebt und sich Ähnliches dazu gedacht haben. Man hätte sich wehren können, der Darstellung widersprechen, aber eine so grundlegende Differenz in Bezug auf Vertrauen und Verrat kann man nicht mehr austragen, und ich dachte dann eher, daß ich ihm eben nahe gewesen war als Freund, ihn bewundert und von ihm gelernt habe, daß er das im Nachhinein so mißbräuchlich verwendet, ist vielleicht der Preis für die gemeinsame Zeit, vielleicht auch eine Art Rache, weil er selber kein so glückliches Naturell mitgekriegt hat, es ist unter höheren Abwägungen also alles so etwa okay, auf jeden Fall hinnehmbar, und genau das machte ich dann. Ich wehrte mich nicht, habe ihm aber nichts mehr von mir erzählt und mich innerlich langsam von ihm abgewendet.

Kunst soll eine Verwandlung ins ERMUTIGENDE bewirken, sonst ist die Darstellung von Welt- und Ichnegativität falsch. Diesen Anspruch verfehlt der angeblich schonungslose Dokumentarismus der Depression, die Bösartigkeit, das haltlose Sichhingeben an scheußliche, verletzende, die Nahwelt verratende Beobachtungen und Gedanken.

14. Immer neu wird Herrschaft HYSTERISCH abgeschafft, es geht nur so, eine leisere Sprache versteht die Macht nicht. Die Vernunft guter Gründe erneuert nur die Bittstellerposition der Nichtmächtigen, die Sicherheit, den Hochmut, den Paternalismus bestenfalls derer, die oben sind, an der Macht, und Herrschaft ausüben. So im XIX. Jahrhundert die Arbeiterbewegung, 1968 die Rebellion der Kinder gegen die Eltern, die Väter vor allem, und heute der Kampf der Frauen gegen das strukturelle Patriarchat, die Herrschaft der Männer. Deswegen ist es so sinnlos geschichtsvergessen, Petitionen gegen den Genderirrsinn zu unterstützen, denn der Kampf gegen die Hysterie von Aufbegehrensbewegungen bestreitet denen den ihnen inhärenten Auftrittsmodus, der unverzichtbar ist, egal wie sehr er die Welt auch NERVT. Wie ich in dem Gemälde Der Streik, 1886, von Robert Koehler, links oben auf der Treppe der Fabrikantenvilla den eleganten Mann im Zylinderhut sehe, der, von seinen Arbeitern bestürmt, ganz ruhig zuhört und die Finger der rechten Hand schon bereithält, sie zeigen nach unten, um mit ihnen das zu pointieren, was er gleich völlig unaufgeregt sagen wird. Deutsche Geschichte in Bildern und Zeugnissen, Die Arbeiterbewegung, 1871–1918, Seite 181.

Andere der Lüge zu bezichtigen, wissentlich unwahrerweise, ist vielgeübte Praxis in der Lügenboldwelt. Der notorische Lügner weiß aus eigener Erfahrung, daß der Vorwurf der Lüge nicht bewiesen werden kann, daß aber umgekehrt auch der Aufrichtige sein Nichtlügen nicht beweisen kann, auch wenn der Vorwurf der Lüge nicht stimmt. Der Ansehensvorteil, den Aufrichtigkeit bringt, kann also durch den Vorwurf der Lüge ganz einfach zerstört werden, schon steht der Aufrichtige genauso dubios da wie der Lügner. Das findet der Lügner natürlich gut, wenn alle im Verdacht der Lüge stehen wie er selbst, denn dann verliert der Nachteil, als Lügner zu gelten, an Gewicht. Ergebnis des Kalküls: Aufrichtigkeit lohnt sich nicht, Lügen bringt Vorteile, ohne Sanktionen auszulösen. Für den Lügner ist es also quasi zwingend logisch, alle dauernd anzulügen. Lüge ist, wie Bosheit, das im Sozialen zunächst überlegene Konzept.

18. Welche Art Lebensweisheiten will man sich gefallen lassen, welche eher nicht. Wenn Erfahrungen verallgemeinert werden zu Regeln oder Weisheit, hat das fast immer einen penetrant reaktionären Muff. Das ist das Problem aller Moralistik, weshalb das keine Form für den jüngeren Menschen ist; der will seine Einzelerfahrung in ihrer Neuartigkeit erleben und selbst spekulativ verallgemeinern. Der Erfahrungsschatz der Lebenserfahrung des Älteren belastet das schlußfolgernde Denken mit Abgeklärtheit, Nichthysterie, Desillusioniertheit und in alledem mit der Dummheit des Das-kennt-man-ja. Man weiß dann zwar mehr, kann es im Denken aber nicht mehr so gut wie früher ganz ernstnehmen. Daraus kann kein schöner Gedanke, keine ethisch anstachelnde, weltöffnende Lebensweisheit entstehen; so entsteht das Niedrige, kumpaneihaft Herunterziehende der Reden, wie der Mensch ist, speziell Mann und Frau in ihrem Verhältnis zueinander, das Enttäuschte, Reaktionäre dieser Art Schlußfolgerungen, das Geschwätz, das den Diskurs dazu meistens bestimmt.

Gute Moralistik ist in ihrem Denkakt neu, bezieht sich genauso auf Gedanken über Erfahrungen, also auf andere Texte, wie auf Erfahrungen direkt; ihre Ergebnisse sind nichtnaheliegend, man staunt über sie, auch wenn man sie gleich plausibel findet, so daß man sich wundert, daß man diese allgemeine Beobachtungsregel bisher nicht kannte, dadurch freut man sich beim Lesen, fühlt sich erhoben, will die eigene Lebenserfahrung gleich im Licht dieser Interpretation neu sehen. Das sind Erlebnisse mit Texten, ich denke speziell an Gracián, beim Lesen also, eher als in Gesprächen. Wie ich in Andreas Maiers Venedig-Kolumne über Zeder und Fichte lese, Was wir waren, 42–46.

Zeit der Schmerzen
Zeit der Leiden
Zeit der Krankheit
Zeit des Sterbens
Zeit des Todes

Abschied vom Leben, wie es weniger wird, schwächer, sich zurückzieht in Phasen, die bei jedem anders verlaufen.

19. Schaute in GEGEN ENDE rückwärts gerade das Jahr 2001 durch auf meine Vermutung, daß die wirklich schlimm entblößenden Stellen in Michael Rutschkys Tagebuch gar nicht von ihm selbst ausgewählt wurden, sondern von Kurt Scheel; daß also erst ab 2002, in dem von Scheel bearbeiteten Teil, die besonders verletzenden Dinge kommen, die Rutschky vielleicht gar nicht in den veröffentlichten Text aufgenommen hätte. Es ist auch eine Mengenfrage, Jörg Lau spricht im Nachwort von »Tausenden Seiten der hinterlassenen Tagebücher in toto«. Rutschky selbst habe »etwa die Hälfte des Materials« für die Veröffentlichung genommen, berichtet Scheel, an diesen Vorgaben habe er sich orientiert. Aber welche Hälfte? Vielleicht hat Scheel seine Auswahlarbeit, die Rutschkys Idee der Rücksichtslosigkeit noch extremisiert hat, zuletzt doch so beschämt, daß er sich den Folgen, den Nachfragen, eventuell sogar Vorwürfen der Leser des Tagebuchs durch Selbstmord entziehen mußte. Was sagt eigentlich Jörg Lau zu diesem so wichtigen Punkt der Auswahl, die Kurt Scheel gemacht hat?

Diese Zeiten sind vorbei. Das sollte man nicht selbstbewußt proklamatorisch erklären, sondern betrübt und still hinnehmen, wo es unausweichlich ist, und ebenso schweigsam sich dem widersetzen, wo es geht. Keine Zeiten sollten vorbei sein. Michael Rutschky nimmt täglich Abschied von einzelnen Dingen, heißt es auf Twitter, hier von einer silbernen Blechgießkanne, mit der seine Frau früher Blumen gegossen hat. Aber die Zeiten, da man sich ununterbrochen an den Dingen beweisen müßte, seien vorbei, sagt er dazu. Aber warum denn? Ist doch falsch.

Rosen-Pimmel
ä: Priemel

beim Vorbeigehen am Blumenladen Schlegel Ecke Chaussee

Gesten der Souveränitätsbehauptung, wenn sie einem gerade zu entgleiten droht. Aber woher die Angst, nicht souverän zu sein? Man ist den Bedingungen der Realität unterworfen, das ist anstrengend, aber doch nicht falsch. Zu den Bildunterschriften in Rutschkys Fotobuch »Mit Dr. Siebert in Amerika«, die oft eine ironisch durchblickerhafte Distanzierung zum Foto bringen, was mich beim Anschauen stört. Ironie, Klugheit, Humor, Souveränitätsgeneratoren, deswegen ist mir das alles so unsympathisch. Souveränität soll abgeschafft, nicht errichtet werden, gerade auch im Ich. Wieso soll denn, wo Es ist, Ich sein, nur daß dann der wenig schöne Ichdiktator autokratisch über alle anderen Ichanteile herrscht?

20. Man kann immer nur ein paar Dinge überblicken, die wenigen, in die man aktuell intensiv involviert ist, und die meisten anderen NICHT, die kann man dann auch nicht richtig bewerten, nichts Originelles dazu äußern. Gegenläufig dazu macht man aber mit allem Möglichen dauernd irgendwelche Erfahrungen, was zu einer beschleunigten Urteilsbereitschaft, seltsamerweise auch Urteilssicherheit allem Möglichen gegenüber führt. Die mittleren Banalitäten, zu denen jeder andere auch kommt, drängen sich auf die Art auch einem selbst dauernd auf, man kann das schwer verhindern. Man sieht irgendwelche Leute und klassifiziert sie instinktiv und unweigerlich SOFORT ganz banal irgendwo ein, wertet sie ab, erklärt sie für sich selbst für erledigt, will sie natürlich auch nicht näher kennenlernen. In Erinnerung an früher, wo man anders verfahren ist, und aus der Beobachtung an Jüngeren heraus, die es anders machen, kann man das manchmal korrigieren, und sich sonst in den Überlegungen auf das konzentrieren, was man wirklich kennt, Seele, Macht, Nervosität.

Das ist so schwer auszuhalten am KRIEG: daß er für die, die ihn überleben, vielleicht sogar in ihm triumphieren, eine herrliche, großartige Sache ist, inhärent jugendlich; von denen aber, die in ihm umkommen, an ihm leiden, als Ältere, Angehörige, Randbeteiligte ihm ausgesetzt und unterworfen sind, als etwas absolut Furchtbares erfahren wird, elend und verbrecherisch. Wie ich im Bücherregal das Foto des jungen Ernst Jünger sehe, im pelzbesetzten Mantel, die Uniform darunter mit seinen Ordenskreuzen, darüber ein ganz erstaunlich weiches, freundliches Gesicht, träumerisch, unböse, das Inbild des KRIEGERS als junger Mann.

Dachte Rutschky wirklich, das wäre ja wirklich irr, daß irgendjemand anderes die hochprekäre Auswahl aus seinen Tagebüchern so machen würde wie er selbst? Denn so steht es im Scheelschen Vorwort, daß diese Auswahl von Rutschky selbst noch nicht gemacht war, daß er zu diesem textlichen Suizid, den er in der Letztverdüsterung seines Lebens beabsichtigte, durch die Veröffentlichung extrem verletzender Textpassagen, die Mittäterschaft von Kurt Scheel rekrutierte, auch darin unnachvollziehbar rücksichtslos, was er Scheel damit aufbürdete. Der nahm den schrecklichen Auftrag zwar an, wollte danach aber selbst nicht mehr weiterleben, hat den textlichen Suizid Rutschkys mit seinem Realsuizid an sich selbst nachvollziehen und noch überbieten müssen. So irr und brutal es ist, das so zu denken.

Aber vielleicht ist all das, später einmal, genau so wie Michael Rutschky sich das vorgestellt hat, das essenzielle Dokument der Kaputtheit dieser Zeit, dieser Generation von 68, der gigantischen Enttäuschung durch das Altern, das Scheitern von Ambitionen, der irre Realismus schrecklichster Gefühle. So ähnlich sieht es wohl der Verleger Berenberg. Und beide, Scheel und Rutschky, hätten in diesem höheren, nachträglichen Sinn, der über alle individuellen Verletztheiten hinweggeht, alles richtig gemacht. Vielleicht wird das in Zukunft so gesehen.

Tolstoi
Homer
Cervantes
Verwesungsprozeß

Was soll daran schlecht sein, daß man während des Erlebens über Formulierungen nachdenkt, mit denen man es nachher festhalten will, das ist die Arbeit des Texts im Mensch, der Autor ist, bei Nichtautoren ist es die innere Arbeit an der Rede, mit der später vom Erlebten mündlich berichtet werden wird. Gegen Ende, 233.

und mit einer warmen
amarantroten Kaschmirhose bedacht

in Frieden
solche Fragen

21. Der Schauplatz ist der Kopf, das Innere der Gedanken, da spielt sich ALLES ab: das ist die fundamental irre Grundkonstitution der Intellektuellenexistenz. Das hat unweigerlich extremisierende Folgen für das auf die Art

Gedachte, das von daher Vorgebrachte. Der Spezialist für Gedankliches ist deshalb zum Denken nicht nur besonders befähigt, sondern darin zugleich auch speziell behindert; so wie für alle nichtdenkerischen Dinge sowieso. Der Denkende ist umfassend und in allem DER BEHINDERTE.

22. Echte Familie ist Klaustrophobie, wenn sie veröffentlicht wird, Familie im Roman ist weite Welt, Erkenntnismittel. Wie ich Maxim Leos private Familienfotos im Literatur-Spiegel abgebildet sehe, in einer Besprechung seines Buchs über seine Familie, abgestoßen von der Direktheit, mit der einem da die private Realität aufgedrängt wird. Nie ein ähnliches Gefühl bei Knausgård, weil er eben wirklich einen Roman über seine Familie schreibt, nicht eine reale Suche nach einer realen Familie dokumentiert, wie Maxim Leo aus der Autorenfamilie Leo.

Was in den Fotographien von Michael Rutschky fehlt, im Band »Mit Dr. Siebert in Amerika«, sind Menschen, die mit dem Fotographen in Kontakt treten. Das ist auch deshalb wichtig, weil dies dokumentiert, daß die Bilder den Menschen nicht nur in klandestiner Weise und in räuberischer Absicht entrissen wurden, sondern mit ihrem Wissen, eventuell sogar zu ihrer Freude gemacht wurden. Man muß mit den Menschen zusammenleben, wenn man sie fotographiert, sich ihnen als Fotograph bemerkbar machen und offenbaren, sie dadurch in die Bildherstellung miteinbeziehen, um dem Vampiristischen, das das Fotographieren dennoch immer hat, entgegenzuarbeiten.

Ingres. Die Präzision der Ausführung des Farbauftrags bei seinen hyperrealistischen Menschendarstellungen, bei der Haut besonders, auch beim Schmuck und bei den Kleidern, suggeriert eine Wirklichkeitsnähe, die von Fehlerhaftigkeiten der Skizze, der widernatürlichen Haltung einzelner Körperteile zueinander, fast verhöhnt wird. Hier das Porträt seiner zweiten Frau Delphine Ingres, 1857, Ingres: 1780–1867, mit 77 also, wo der an die Wange gelegte Zeigefinger aus der Hand darunter anatomisch so nicht hervorkommen kann wie dargestellt; auch der Daumen ist viel zu lang; und der Handknäuel der anderen Hand im Schoß ist fast surreal verkrüppelt. Ähnliche Anatomieunmöglichkeiten bei Jupiter und Thetis, 1811, Napoleon als Jupiter, 1806, und bei Ödipus und die Sphinx, 1808. Mosebach hat in einem Aufsatz über Ingres geschrieben, daß das immer schon festgestellt und kritisiert worden war, Ingres sich dafür aber entschieden nicht interessiert habe. Mosebach qualifiziert ihn als Protosurrealisten.

Man wird nicht durch WISSEN zum Künstler, durch Kenntnisse über andere Künstler, sondern durch einen urindividuellen Experimentalimpetus, der einem den Schwung gibt, das selber zu versuchen auf eigene Art, was man bei anderen toll findet und bewundert, also immer auch nachahmerisch und ohne Angst vor Nichtindividualität, jedenfalls schwungvoll und ausreichend blind. Ich habe dann erstmal wie ein Blöder gemalt, berichtet Albert aus Los Angeles, wo er jetzt zwei Monate war. Das ist die beste Voraussetzung, daß etwas Gutes entsteht. Auch bei mir wird das hoffentlich irgendwann wieder so sein, daß ich wie ein Irrer schreibe. Dagegen das viele Wissen über Fotographie und Fotographen, das Michael Rutschky hatte, worüber er immer auch viel redete, aber in seinen Fotographien fehlt der Überschwang, das Künstlerische, vielleicht die FREUDE an dieser Kunst.

Die Kunst des intimen Lebens: die haben die 68er sich nicht angeeignet, dazu waren sie zu sehr mit sich selbst beschäftigt, mit ihrem eigenen Ich. Intimität ist aber eine Du-Kunst. Morgengedanke, an den das Wort Kunst mich eben erinnerte.

Michael Rutschky wollte wirklich LEHRER sein. Und er war es auch für viele, vielleicht ohne genügend zu akzeptieren, daß die Vorbildfunktion des Lehrers gerade auch im Negativen wirkt, dem Schüler also das zeigt, was er keinesfalls nachmachen möchte, was er unbedingt vermeiden will. Insofern könnten auch diese letzten Tagebücher auf paradoxe Art Schule machen, indem sie vorführen, wie man sein Leben nicht leben sollte, und wie man es schriftlich, auch nur für sich selbst, nicht festhalten sollte. Die wichtigste Grundregel: geh nicht zu nahe ran. Im Leben hat er das vorbildlich verwirklicht, vielleicht etwas zu panisch, die ewige Sie-Manie und das ewige ironische Herr Rutschky, aber im Schreiben hat er es programmatisch anders gemacht, damit sich selbst und andere verletzt, auch sein Schreiben geschädigt.

Die tolle Besprechung von Mark Siemons gestern in der Faz: genau, fair, wohlwollend, betrübt; früher hat man das wahrscheinlich NOBEL genannt. Ich verstehe allerdings nicht, daß dem Essayisten ein so biederes Regime für die Begründung seiner Urteile auferlegt werden soll, »legitimierende theoretische Überbauten«. Das ist so eine falsche Spießeridee, daß alles gut begründet sein soll, als würden dadurch auch die fürchterlichsten, falschen Urteile irgendwie besser. Dabei ist das ein ganz wichtiger Flavour von Texten, wie mit dem Begründen verfahren wird; es wirkt geradezu tödlich auf die Lebendigkeit eines Textes, wenn alles gleich gut begründet wird. Es ist auch UNREALISTISCH. Auch Beschimpfungen gehören zur animierten, passionierten Rede dazu, mein ewiges Mantra. Sie haben allerhöchste Informationsdichte, auch noch auf allerschönste Art, man versteht sie blitzschnell, und lange wirken sie in einem geistig nach, man tritt mit ihnen ins Gespräch, verwirft sie, stimmt zu, argumentiert darüber mit dem Autor usw. Allerdings sollte der Text zwischendurch immer wieder auch beispielhaft vorführen, daß er seine Aussagen begründen könnte, welche Art sein Argumentieren hat, wie es ausschaut, um dem Leser ein Urteil zu ermöglichen, ob ihm dieses Begründen gefällt. Und vielleicht könnte man Rutschkys Tagebuch dies vorwerfen, daß er zu wenig SCHÖN argumentiert, zu oft das zu Bekannte zu obsessiv ausführt, darin zu wenig forscherisch. Und diesen Vorwurf der mangelnden Neugier, der im Kontext Rutschky tatsächlich überraschend ist, erhebt Mark Siemons in seiner Besprechung auch.

23. Der Lesekreis als Sozialform: essenziell juvenil, um sich im Lesen und Diskutieren mit Freunden geistig tiefer zu verbinden, auch im Wettbewerb miteinander, zur gemeinsamen Welteroberung, so auch im Universitätsseminar. Aber das im reifen Alter, außerhalb der Universität, gar lebenslänglich fortzuführen, ist schon ein bißchen prätentiös, es ergibt geistig und menschlich keine guten Resultate. Auch das wird im Tagebuch von Rutschky dokumentiert. Syndrom einer generellen Reifeverweigerung im Kreis, dazu der heimliche Meister, das Zentrum, hier also das Ehepaar Rutschky, das jüngere Adepten und Adlaten, in Faszination vereint, um sich schart und über Verstoßungsdrohungen und Schärfe der Kritik an allen abweichlerischen, dem Kreis feindlichen Ideen an sich bindet: nicht schön. Weil man das spürt, wird die Veranstaltung selbstironisch als Bibelkreis bezeichnet, aber es bleibt, was es ist, Intellektuellenkitsch.

25. Je GUTER einer ist, umso mehr knallt das Nichtgute heraus. Deshalb stilisieren sich die Leute so gern als Bösewicht, dann wird ihr Handeln besser bewertet. Wenn man sich zu sehr um Güte bemüht, Problem der christlichen Ethik, sticht normal nichtoptimales Verhalten übergrell als Böses hervor. Das entmutigt dann eigentlich mittlere, augenmaßmäßig vernünftige Bemühungen um Anständigkeit und Güte, wirkt dadurch verschlechternd. MAZES.

Bloß nicht ERSCHRECKEN! Diesen Habitus hat Michael Rutschky mit seinem Analyseansatz kultiviert, als Abwehrzauber, aus panischer Angst vor dem Erschrecken. Das Coolheitsphantasma, ähnlich bei den Internetaktivisten um die Höflichen Paparazzi, Kathrin Passig, die jetzt auch in ihrer Reaktion auf das Rutschkysche Tagebuch betont supercool und knapp meldet: alles halb so wild.

Aber ich bin sicher, daß das nicht stimmt. Der schöne Stil in Handkes *Wunschlosem Unglück*, hier Seite 87. Es geht um den Abschiedsbrief der Mutter, in dem sie ihm schreibt, »sie sei ganz ruhig und glücklich, endlich in Frieden einzuschlafen. Aber ich bin sicher, daß das nicht stimmt.« Man darf nicht zu viel und zu genau begründen, das ist hier optimal berücksichtigt, aber auch nicht zu sehr, so daß das Nichtgesagte penetrant poserhaft wirken würde.

Es leben so extrem unterschiedliche STÄMME auf engstem Raum in der großen Stadt, ohne einander auch nur wahrzunehmen, und jeder hat den Anspruch –

26. Me Too: ja, ICH AUCH! Die schönste Diskursrevolution seit 68, ich nicht, die die Distanz feiert, in der man vom eigenen Körper so seltsam fern lebt, Qual für den Geist, Reichtum der Seele. Das Glück des Nichtverstehens dessen, was man will und tut, die Blindheit der Akte, das Ahnen und Tasten, davon hervorgebracht, die Zartheit des Empfindens im Augenblick der Öffnung auf den anderen Mensch hin: Was geht in ihm vor? Was will er, was sein Körper, was zeigt er, was sagt er, was gibt er insgesamt zu verstehen, ohne sich dazu wirklich entschieden zu haben, seiner selbst völlig klar bewußt und einverstanden mit allen Konsequenzen, die Vorläufigkeit jeder Bewegung also, jedes Beginns jeder Bewegung, die möglicherweise, wenn ermutigende Resonanzen ausbleiben, sofort abgebrochen, zurückgezogen werden muß, eine maximal hochgepitchte Rezeptivität allem gegenüber, das ist die hochkünstlerische Grunddisposition, in die jeder gebracht wird durch die aufwühlenden Kräfte der Sexualität.

Und all das jetzt von allen Seiten beredet, dem hyperpräzisistischen Irrwitz der Verbalität ausgesetzt, öffentlich, streitig, wahnhaft rechthaberisch wird dabei verhandelt, welches Ideal der Gesellschaft vorschweben sollte, wie die Menschen in jeder konkreten Interaktion einander begegnen wollen, animalisch genug, daß auch geschlechtlich Wilde ihr Spiel der Jagd frei spielen können, soll es bleiben dürfen, doch auch jeder Zaudernde, Schwache soll zugleich geschützt sein von Aufmerksamkeit für seine egal wie diskreten Signale des Zauderns, des Nein, von Verständnis für sie, von Höflichkeit insgesamt.

Weil der Geist den Brutalismus seiner selbst kennt, den er im Zugriff der Worte auf die Welt erfährt, sind diese Grunddinge des Lebens normalerweise mit Latenzschutz belegt, das Denken enthält sich da intuitiv aktiv. Das ist gut, solange es den Interessen aller Beteiligten gerecht wird. Aber weil das schon so lange und so eindeutig nicht mehr so ist, daß alle Beteiligten wirklich einverstanden sind mit den Ergebnissen der stumm ausgehandelten Kontakte, der Berührungen, der floskelgesicherten Ambiguität jedes folgenden Verhaltensschritts, hat Latenz, die dabei einst Offenheit ermöglichte, ihre Berechtigung verloren: das Schweigen lügt.

Die Sehnsucht nach Wahrheit läßt lange zurückgehaltene Geschichten hervorbrechen, plötzlich können sie benannt und erzählt werden, wollen verstanden werden, sichtbar, vorstellbar, bisher unsagbare Dinge werden sagbar, Reden und Zuhören, eine kollektive Energie schafft, was sonst Aufgabe der Literatur ist: den Raum des Sagbaren, des den Worten Zugänglichen, zu erweitern. Das bringt neue Verfeinerungen des Wahrnehmbaren hervor, natürlich auch wieder viele Lügen, aber das Schönste an dieser Diskursrevolution, die die Welt zur Zeit durchtobt, ist, daß ihre Radikalität, man weiß es von 68, eine gegenüber den Maßlosigkeiten des Diskurses vernünftig abgeschwächte Verbesserung der Realität vorbereitet, auf der allerbasalsten Ebene der Gesellschaft, der permanenten, verrückt konkreten Kontakte der Körper miteinander, auch der Sexualität. Es wird also heller durch Me Too, die Kaputtheit der Welt wird weniger und der Streß der Mitmenschlichkeit mehr. You see: ME TOO, I like.

27. Amerika betrachtet mit FREUDE die Verrücktheit seiner Gesellschaft. Das vertieft die Spaltung, weil beide Seiten sich mit einer solchen Begeisterung über die Unvernunft der jeweils anderen Seite erregen, sich an dieser Abscheubegeisterung gegenseitig weiter radikalisieren. Zuletzt Jane Mayer im New Yorker über Trump TV.

28. Idee der VERTIEFUNG des Abgrunds: Hineinschauen, drin rumbohren, hier wieder innerpsychisch gemeint. Das war die 68er Manie, die auch in Rutschkys Tagebuch wütet, darin auch sehr exemplarisch. Wie ich an irgendeine eigene innere Abgründigkeit dachte, die ich über diesen Gedanken hier in ihrer Konkretheit tatsächlich VERGESSEN habe. Nur eine halbe Generation später, nach 68, glaubt man nicht mehr an die kurativen oder auch aufklärerischen Kräfte dieser obsessiven individuellen Abgrunderforschung.

29. Mit sich selbst ins Gericht gehen: das geht nicht und ist auch falsch, man ist nicht der Richter über sich selbst, das ist eine Anmaßung, man kann nicht über sich selbst zu Gericht sitzen. Deswegen kommt dann auch nichts Richtiges und Wahres dabei heraus, wenn die Leute mit sich selbst besonders HART ins Gericht gehen. Hier wieder Scheel über Rutschky: »Und im Übrigen stimmt es, was er mir damals gesagt hatte: Dass er mit sich selbst am härtesten ins Gericht gehe.« Gegen Ende, Vorwort, 8.

Man hat ihn einfach gern: wie ich das Foto von Thomas Bernhard sehe, im »Hab & Gut« Buch vorne. So ist das Verhältnis zum bewunderten Künstler: Liebe, ganz stabil.

April

und wurde
in die Praktiken
und Geheimnisse der
Werkstatt eingeweiht

1. Geheimnisse der WERKSTATT. Ein einziges tolles Werk reicht völlig aus, aus Sicht der Welt, für ein ganzes Leben. Wie ich wieder Partikel in Handkes Wunschlosem Unglück lese. Aus Sicht des Künstlers kann das natürlich nicht gelten, das wäre Bankrott, das anzuerkennen. In Wirklichkeit aber ist es so.

2. Es gibt allgemeine Gesetze, aber bei jedem wirken sie sich anders aus. Dachte eben wieder an Gesetze der Kreativität, mein autobiographisches Literaturprojekt, das sich dann aber erschöpft hat nach einer Zeit. Aber wie ist es bei Knausgård? Wie ich bei Bernhard lese: der Drack und die Bundau, sagte der Fürst. Verstörung, 113. Das Kafkahafte dieser Namen, und daß ich beim Schreiben meiner Jahresberichte literarisch die Gegenidee verfolgte, bis hin zu »loslabern«: diese BERICHTE sind meine Erzählungen.

Daß es sein kann, daß einem nichts mehr gelingt, wenn man den Pfad der Tugend des ureigenen Auftrags, der Initialschickung, verläßt; in meinem Fall den des autobiographisch beglaubigten Schreibens. Und trotzdem kann das Verlassenmüssen dessen, was man konnte, verrückterweise gilt das ja nicht mehr im Präsens, man kann es ja nicht mehr!, unvermeidlich sein, der richtige Weg, auch wenn er zu falschen Ergebnissen führt. Johann Holtrop, BALZAC, Demut und Gesellschaft, kommende Romane.

3. Die Freiheit des Geistes geht an den Körper verloren: Familie, Krankheit, Alter. Der Ideenhochpunkt in der frühen Erwachsenenzeit von daher, später ist eine andere Art des Denkens erforderlich, vom Körper mitbestimmt. Erst geht es darum, der Freiheit gerecht zu werden, dann darum, das Gebundensein an das Nichtgeistige auszulegen. Und wie ist es da drunten? Hm. Man muß sich schon sehr bemühen, man fliegt nicht mehr einfach so dahin, man fühlt sich dabei auch dümmer, trauriger, weniger schön.

Die Vermehrung der Gegenstände, das Größerwerden der Welt, die Sehnsucht zu verstehen, auch die instinktive Freude am Bewerten; das Ich verkleinert sich, wird schwächer, man irrt insgesamt mehr herum, geht insgesamt viel weniger entschlossen auf das hin zu, was man will, vorhat, beabsichtigt. Und verrückterweise wird von Weltseite her genau das Gegenteil dessen, was diese Konstitution vorgibt, erwartet; genaugenommen ja auch von einem selbst, weil es so lange dauert, bis man sie überhaupt erkennt. Variante.

Wie ich an der Dostojewski-Biographie von Andreas Guski vorbeigehe, noch nicht gelesen, zu Saul Bellow, It All Adds Up, zu Somerset Maugham, The Summing Up, John Gardner, The Art of Fiction, liegt alles noch vor mir, Simon Critchley, Notes on Suicide, Jonas Grethlein, Shoshana Zuboff, Tolstoi, Tagebücher 1847–1910, Thomas Mann, Die Kunst des Romans, 1939, Philippa Foot, Die Natur des Guten, seit vorgestern hier mit dabei.

Mit WITZEN ist es ja bißchen so wie mit Musik: wenn sich einem der Zugang nicht erschließt, ist der Nervfaktor schnell sehr hoch, weil die Penetranz, mit der das Aufmerksamkeit erzwingt, abstoßend wirkt. Wie Maxim Biller die Resonanz auf seinen Roman »Biographie« analysiert, in seiner Heidelberger Poetikvorlesung, LITERATUR UND POLITIK, und da alles Mögliche an spezifisch Deutsch-Jüdischem hervorhebt, aber zum allersimpelsten Aspekt der Leserreaktion selber gar keinen Zugang hat: daß man die Witze nicht lustig findet, sondern LANGWEILIG, deshalb penetrant, weshalb der Text mühsam zu lesen ist, weshalb man keine Lust hat, dem Autor in die angeblich so hochinteressante Welt seines Romans zu folgen. Das war mir damals bei Erscheinen des Buchs schon so erstaunlich vorgekommen, daß Maxim Biller im eigenen Fall diesen Mechanismus nicht versteht, wo er doch sonst, als Leser von Büchern anderer, immer wieder so viel Nervosität und Reaktionsreichtum bewiesen hat, im Literarischen Quartett vorgeführt. Aber für sich selbst lehnt er das programmatisch ab: Analyse, Verstehen. Das verstehe ich nicht.

Und obwohl dort viel und auf für mich unschöne Art über Sex GEREDET wird dauernd, kommt Sex selber in dem Buch gar nicht vor, nur ein penetrant witzelndes, eigentlich altmännerhaftes Gerede darüber, völlig unerotisch, ohne das, was Sex zu einer lebensbestimmenden Macht machen kann, genau so unsexy, wie unlustige Witze unlustig sind. FÜR MICH. Aber auch dieses fundamental Hyperindividuelle dieses FÜR MICH gibt es in der Welt der Billerschen Generalgeneralisierungen nicht, eine weitere Schwäche seiner beiden großen Romane, »Die Tochter«, »Biographie«, FÜR MICH.

Wichtig am Konflikt ist auch: man geht dann ja weiter, verläßt ihn, lädt sich mit Neuem auf, der Konflikt versinkt, man vergißt ihn, auch wenn man, wie es das Schreiberleben vorgibt, sehr in Treue zum Früheren steht, muß das keine Obsessionsbeziehung sein, man kann das Verhältnis zu den früheren Konflikten mitsteuern und weiterentwickeln, die eigene Obsessivität auf neue Gegenstände verlagern, blickt dann angenehm detached darauf zurück.

Man will eigentlich auch keine Darlegungen über Sex von alten Männern, den sogenannten alten weißen Männern, mehr lesen, komischerweise, auch wenn alle das jetzt so sagen, es ist aber so. Was junge Frauen aktuell dazu zu sagen haben, ist interessanter, es ist noch neu, dem Text noch nicht bekannt, das wird gerade erst erobert, Sache der Sprache: Emma Cline, Sally Rooney.

Die Erschöpfung der MODERNE: daß man heute ziemlich gut weiß, was die Menschen denken und fühlen, was in ihnen vorgeht. Das haben 120 Jahre Innerer Monolog und Seelenerforschung bewirkt. Wo liegt dann das Rätsel heute? Im Zwischen den Menschen, im Du-Bezug? In der Gesellschaft? Schwierig.

Adelspaläste
Karlskirche
Hofbibliothek

der Siebenjährige Krieg

5. Das Alter ist auch die Zeit, wo das Verständnis nachläßt, die Kraft, sich zu überwinden, von sich selbst abzusehen, schwächer wird, auch die Motivation, sich dazu anzuhalten, aus dem Gefühl heraus, man habe das schon lange genug getan, sich selbst zurückgestellt, den Blickwinkel der anderen eingenommen, sich deren Sichtweise zu eigen gemacht, um sie besser zu verstehen; und so ENTSCHEIDET man sich insgesamt auch zur geistigen Egozentrik, im Effekt zu dieser speziellen Verblödung des Alters.

Eva Carossa berichtet hochbetagt, das Buch Geheimnisse des reifen Lebens von ihrem Vater Hans Carossa sei für ihre Mutter Hedwig ein großer Kummer gewesen; Urheber dieses Betrübnisses zu sein, konnte die Tochter ihrem Vater lebenslänglich gut nachsehen, sie widmete sogar viel von ihrem Leben seinem Werk, aber in der Traurigkeit des Alters hat sie dazu nicht mehr die Kraft. Nachsicht kostet Kraft, Verstehen braucht Freude am Akt der geistigen Bewegung.

Für die biographisch familiären Hintergründe von Autoren, die ich bewundert habe, habe ich mich früher überhaupt nicht interessiert. Ich fand auch Bernhards Autobiographie-Projekt eigentlich einen Fehler, eine Abschwächung. Der familiäre Hintergrund ist für die eigene Persönlichkeit und damit auch für das Werk zu bedeutend, zu zentral wichtig, als daß er offengelegt werden könnte, man kann das nicht angemessen komplex erfassen und schädigt mit einer klärenden, einengenden Festlegung die von daher aktiven, drängenden Energien. Es ist eine weitere urirrationale Gespürorientierung: was muß genügend im Dunklen bleiben?, die darüber mitentscheidet, wie der Werkweg geht und sich entwickelt. Ich wollte ja auch nie über mein früheres Leben schreiben, die Kindheit und Jugend, die Eltern und Geschwister, es war auch immer noch zu sehr Gegenwart, entweder ganz real oder in meiner Gefühlswelt, so wie mein jetziges Leben, es kommt mir völlig natürlich vor, daß das ausgespart wird und nicht Gegenstand meiner Literatur. Auch der Henker-Roman ist daran gescheitert, daß er vom Konzept her insgesamt zu nahe an meiner eigenen Familie dran war, am Tabu, den Schutzraum des Privaten zu wahren.

Hans Carossa, 1878–1956
Hermann Hesse, 1877–1962

Der Kitsch bei beiden, der mich an Handke erinnert, gestern in Carossas Geheimnisse des reifen Lebens, Naturkitsch, Seele, Ideenkitsch und Denkkitsch, sie waren ja auch beide sehr erfolgreich. Im Literaturlexikon schaue ich die Geheimnisse nach und stoße auf einen Hesse-Roman GERTRUD von 1910. Wußte Schleef von diesem Roman? Kindler: »Obwohl eines der schwächeren Werke Hesses«; 9, 3873; und zu den Geheimnissen: »das eines der schwächsten Werke Carossas ist«; 9, 3814.

Das Buch ist 1936 erschienen, behandelt die Dreiecksgeschichte des Autors zwischen Ehefrau und Geliebter, die Tochter Eva, Tochter der Geliebten, ist 6 Jahre alt, die pflegebedürftige Ehefrau lebt noch, erst nach deren Tod 1941 wird es zur Eheschließung mit der Geliebten kommen, wovon die aber bei Erscheinen der Geschichte noch nichts wissen kann. Das ist also schon sehr verständlich, daß dieses Buch für Eva Carossas Mutter ein großer Kummer gewesen ist.

Kitsch wird ja aus einer Haltung von TROTZ heraus produziert: das ist zwar Kitsch, aber so IST es doch, das gibt es doch, wird gesagt, das wird nur aus Angst nicht ausgesprochen, aus Feigheit. Demgegenüber fühlt der Kitsch sich mutig, als Rebell gegen die Kitschvermeidung. Außerdem ist es in der Resonanz erfolgreich, im Sinn des: endlich sagt das mal wer! So entsteht die trotzige Affirmation der eigenen Affirmativität, die den Kitsch hervorbringt. Schönere Werke und auch eine schönere Haltung zur Welt ergeben sich aber, wenn man die kitschnahen Gefühligkeiten und Simplizitäten zwar gelten läßt, sie aber auf irritierte Art wahrnimmt und beim Versuch, sie darzustellen, dem natürlichen Aversionsimpetus gegen den Kitsch aussetzt. Genau diese Komplikation, der Nichttrotz, ist der Weg der Kunst.

Wodurch entsteht die Lizenz zur Poesie? Man will sie immer so gerne haben, spürt aber doch, daß sie einem meist nicht zusteht. Wann aber doch? Und wodurch? Beim Blick auf das kleine Buch Albertine. 59 Liebesübungen von Anne Carson.

6. Das Tagebuch muß einen INNEREN GEGENSTAND haben, wie das Leben ja auch, ein zentrales Problem. Bei Michael Rutschkys Tagebuch ist das: Der Verfall; bei Handke: Wahrnehmungs-Epiphanien; beim mittleren Julien Green: Der Glaube; bei Thomas Mann: Registratur der kleinen Dinge.

9. Das Alter wird zur großen, nebenher zu bewältigenden Lebensaufgabe, wie in den frühen Erwachsenenjahren die Verwirklichung der Ambitionen und Träume, was man aus seinem Leben machen möchte, was man erreichen möchte, es ist immer dieses große, vor einem Liegende, auch Bedrückende, immer auch Anziehende, was man dann in täglichen kleinen Schritten, denen die Hauptaufmerksamkeit gilt, ab- und durcharbeitet und verwirklicht. Das Große ist immens da, aber, muß ich korrigieren, es liegt nicht vor einem, man steht ihm also auch nicht gegenüber, kann es deshalb nicht richtig erkennen, man ist ganz in ihm drin: Raum des Alters, Raum der Ambitionen. Ich denke an Albert von Schirndings Geburtstag heute, der 84., das Leben mit Mitte 80, meines mit Mitte 60, das des Vaters mit Anfang 90. Auch der Versuch sich daran zu erinnern, daß es nie wirklich ganz leicht war, aber auch das Gefühl, daß es schon mit der Zeit immer schwieriger wird, damit zurechtzukommen und es gut zu machen.

10. Der individualistische Ansatz: für MICH gilt. Vielleicht ist das das allerwichtigste künstlerische Grundprinzip; der Auftrag von daher, die Sache so darzustellen, daß dieses Für MICH gilt nachvollziehbar wird für andere. Aber warum kommt man erst so spät dahinter? Oder ist es nur ein Prinzip der nichtfrühen künstlerischen Produktivität? Die ganze Welt macht ja permanent Propaganda mit ihrem: für DICH gilt doch auch! Nein!, sagt man darauf und fängt als Begründung die Gegenpropaganda an: denn allgemein gilt doch; anstatt gleich zu sagen: nein, denn für MICH gilt.

11. In berühmten Büchern zwischendurch immer mal wieder paar Sätze lesen: erstaunlich! Man hatte das Buch anders in Erinnerung oder nie Zugang dazu gefunden; hier Thomas Bernhard, »Verstörung«, und »Die Hornissen« von Peter Handke, die aufgeschlagen in der Küche liegen, Bernhard am Fensterbrett, Handke oben am aktuellen Regal links beim Fenster. Bei Bernhard ganz kurze Bundau-Sätze, erzählend, der Fürst redet über den Huber, sagte der Saurau, der Bundau-Komplex, das Fasan-Eber-Bild, die Erinnerungen des Fürsten an Erlebnisse mit seinem Vater, Machart, Bauart, Themen, dann der Vater des Erzählers, der von früheren Begegnungen mit dem Saurau erzählt, es ist alles sofort höchst anziehend und interessant, man will es sich sofort wieder komplett neu vergegenwärtigen.

Beim Lesen im Internet, speziell von Twitter: die extrem schnell wechselnde Sprecherposition, die Vielzahl, Kürze und Intensität der Aussagen, noch viel schneller als beim Blättern und Lesen in der Zeitung. Davon werde ich so WIRR gemacht, der normale Leser wird davon gerade angenehm unterhalten.

Ingres, der HYSTERIKER. Man kann die Hysterie von Ingres fast Verrücktheit nennen. Romulus als Bezwinger König Arcos, 1812.

12. Hanna Engelmeier erwähnt im Merkur-Video, wie sie über Stephan Herczegs Journal redet, daß sie selber auch Tagebuch schreibt, und ich schaue gleich im Internet nach, ob das irgendwo online erscheint oder gedruckt erschienen ist, auch ihr Twitter-Account klingt oft so, daß ich gerne Genaueres lesen würde.

18. Gründonnerstag. Prollkultur affirmieren, mitmachen, appropriieren, transformieren und in die Gesamtkultur so inkorporieren: das ist der Vorgang immer wieder, der von der Faszination der Künstler fürs ganz andere, kulturell maximal Entfernte ausgeht. EMOTICONS. Meine Aversion dagegen und die selbstverständliche Freude jüngerer Künstler daran. In der Eichendorffstraße sehe ich eine Frau, die im Gespräch mit ihren Fingern die grimmig hochgekippten Augenbrauen, den Grollwinkel, andeutet, offenbar in echt das Wut-Emoticon zur expressiven Betonung des von ihr Gesagten verwendet, vermutlich in der Erzählung über die Emotion eines anderen, vielleicht aber auch von ihr selbst.

Wobei es aber wahrscheinlich nicht so ist, wie ich früher dachte, daß der kulturelle Raum sich dadurch vergrößert, daß es immer mehr wird, was zur Kultur zählt, denn gleichzeitig mit dem Hinzukommen neuer gehen frühere Kulturbestände verloren, der kulturelle Raum ändert sich also dauernd, wandert weiter, vieles Frühere bleibt zurück und sinkt ab ins Vergessene, potentiell allerdings auch wieder Reaktivierbare, aber nur das, was kollektiv aktuell selbstverständlich zum Wissen zählt, gewußt und geistig aktiv bewegt wird, ist Teil der Kultur im Gegenwartssinn.

Dabei greift die Neugier besonders freudig auf neue, noch unbekannte Gegenstände aus, weil man sich von dort auch neue, noch nie gedachte oder bisher gar nicht denkbare Gedanken verspricht, gleichzeitig geht aber auch von länger schon vergessenen Gegenständen phasenweise eine neue Faszination aus, das hat jüngst der Marxismus erlebt, seit Beginn des 21. Jahrhunderts, auch die Religion, in den letzten Jahren auch eine neue Prüderie, was heute über die Gefahren der Sexualität alles gewußt wird, war jahrzehntelang komplett vergessen, so wie heute expansiv freiheitliche, wagemutige, abenteuerliche Lebensprogramme komplett vergessen sind, oder in genau normierte Polyamoriekonzepte eingegangen. Gedichte sind zurückgekommen, Kassiber der Liebe, »Gezählte Tage« von Peter Huchel, von vor 45 Jahren, wurde Text für die HÖLLE-Ausstellung in New York, Geschichte, wie sie mich fasziniert, als detaillierter Präsenzraum von Fakten und Zusammenhängen der politischen Großgeschichte des Abendlands, ist nicht zurückgekommen, die Mythen auch nicht. Was sagen die Kulturtheorie-Wissenschaftler wie Dirk Baecker zu dieser Frage?

Das stehende Jetzt, Handke, Marbach
Nicht zur Veröffentlichung bestimmt, Borchers
Rendezvous mit dem Weltgeist, Sombart
Anekdoten, Heiner Müller
Über den Gräben, Romain Rolland

Kronos, Gombrowicz
Erfundene Symbole, Alex Katz
Früchte der Einsamkeit, Penn
Erinnerungen eines Mädchens, Annie Ernaux
Tagebücher, 1847–1910, Tolstoi

Adel und Revolution, Eichendorff
A Higher Loyalty, Comey
Wiedergeboren, Susan Sontag
Tagebücher, 1662, Pepys
Tagebücher, 1936–1966, Marie Luise Kaschnitz

Zeit des Zorns, Günter Franzen
Wolkendienst, Klaus Reichert
Die Kunst des Lesens, Nabokov
Notizhefte, Henning Ritter
Schriften und Interviews, 1925–1970, Barnett Newman

Kämpfen, Knausgård
Erinnerungen an Michael Rutschky, Merkur 830, Juli 2018
Die Welt im Rücken, Thomas Melle
Geheimreport, Zuckmayer
Traumhafte Kindheit, Catherine Millet

What Language Do I Dream In? Elena Lappin
Diary, Olivier Zahm
How To Be a Man, Glenn O'Brien
Breaking News, Alan Rusbridger
Jahre der Okkupation, Ernst Jünger

Moral Mazes, Robert Jackall
Journal, 1822–1866, Delacroix
Sexistence, Jean-Luc Nancy
Wer wagt, beginnt, Robert Habeck
The Vanity Fair Diaries, 1983–1992, Tina Brown

Der NSU-Prozeß, Das Protokoll
Aus der Traum (Kartei), Durs Grünbein
99 Überlebenskünstler, Enzensberger
Mit Linken leben, Sommerfeld und Lichtmesz
An Unquiet Mind, Kay Redfield Jamison

The Auctioneer, Simon de Pury
Tristesse Royal, Bessing
Briefe, 1879–1913, Proust
Briefwechsel, 1894–1918, Bodenhausen und Kessler
Eve's Hollywood, Eve Babitz

Zum Tagebuchprojekt, REGALE IN AUFRUHR. Vernunft ist Traurigkeit, am Rad. Kunst muß immer LEERER werden, weil der Geist immer weniger gleichzeitig fassen kann. Das ist auch die Lehre der Kunst der bildenden Künstler: Leere. Meine Intuition bleibt trotzdem, MEHR von allem auch in die Kunst hineinpacken zu wollen, in jedem Fall, auf jeder Seite, das ist ein Problem des Stücks REICH DES TODES geworden, das maximal überladen ist. Und die Frage fürs Redigieren, der fröhliche Exhortativ: kann alles weg! Halt, stop, nee: tu es doch lieber wieder rein. Beim Staubsaugern jetzt.

25. Das hast du NICHT gesehen, das hast du dir nur AUSGEDACHT. Zu Flaubert, Herodias, Drei Geschichten, Seite 111, Beschreibung der Lage der Zitadelle. Der Impuls, sich das übergenau Beschriebene, was er sich da ausgedacht hat, wirklich vorzustellen, was ja anstrengend ist, sich überhaupt nicht von selbst im Kopf ereignet, ist in einem solchen Fall von Fantasyschauplatz bei mir automatisch fast bei null, ähnlich wie im Josephs-Roman; anders die visionär gesehenen Schauplätze in den frühen Romanen von Julien Green.

wenn sie einen Mann anblickte, der sie interessierte
dann hatte sie eine Art, ihren Blick ganz langsam abzuwenden

Die Politik der Blicke, Kunst des Romans. Hier bei Saul Bellow, Humboldts Vermächtnis, 207.

28. Außerdem ist aufregenden Dingen gegenüber die kühle, unaufgeregte Reaktion der Souveränität auch ganz einfach FALSCH, defizitär. Was Rutschky da propagiert hat, in den Würdigungen von seinem Werk wurde es immer wieder und vielfach gefeiert, ist aber doch eigentlich ein Kompetenzmangel, die Unfähigkeit nämlich, auf Anlässe adäquat zu reagieren. Warum will man sich den eigenen Erregungslevel nicht von der Welt vorschreiben lassen? Die Machtgeste der inneren Unabhängigkeit interessiert die Welt gar nicht, sie schränkt nur die eigene Resonanzfähigkeit ein, das weltadäquate Erkennen und Verstehen. Und die Stilisierung dieses Defizits zum überlegenen Verfahren verhindert, daß man die Passionen des Involvements und der Hitze und deren Schönheit entdeckt.

29. Die abgepanzerte Emotion als ein Kardinalsymptom der Depression; es tut sich zu viel, von außen her und in einem, als daß man es sinnvoll verarbeiten könnte, statt befriedendes Verstehen: Blockade. Das Ideal der Coolness, des immer ganz Entspanntseins, ist auch deshalb in der ganzen Gesellschaft durchgehend so vorherrschend, weil in Wirklichkeit alle vom Weltzustand permanent komplett überfordert sind. Neben der pathologischen Antwort der Depression gibt es die normale: Spießertum, also Sicherheit durch Weltdistanz und Unerreichbarkeit, enge Horizonte, flache Emotionen.

Es ist auch gut, wenn man prinzipiell zustimmungsgeneigt ist, unnörglerisch auf die Welt reagiert, die Haltung darf auch ruhig etwas Programmatisches haben, aber es muß gleichzeitig ausreichend Raum für heftige negative Emotionen vorgesehen sein, für HASS, Verachtung, Irrationalismen und Animositäten aller Art. Auch das spricht für die öffentliche, auch noch textfixierte Beschimpfung öffentlicher Figuren, daß sie diese Existenzwahrheit der Negativität abbildet, die Emotionalität, die das intellektuelle Abenteuer der Welterschließung begleitet, der Streit mit anderen, die andere, falsche Ideen verfolgen, das sich selbst dabei ins Unrecht Setzen, die ganze Bandbreite des Reagierens zwischen Begeisterung und Abscheu. Wenn all das abgedrängt wird, aus dem Selbstbild, der öffentlich präsenten Figura der eigenen Persönlichkeit, aus dem eigenen Text, wirkt es aus dem Verborgenen destruktiv auf einen ein, vergiftet die ganz eigene Negativität, die ja auch etwas Freudiges hat, etwas Explosives, isoliert sie auch falsch in einem, man verbohrt sich falsch in immer unaussprechlichere Gehässigkeiten, das bricht sich dann im Geheimtext eines egozentrierten Tagebuchs auf extrem falsche Art Bahn, im Verrat naher Menschen, aus der Unfähigkeit, GUT über sie zu denken heraus, wozu man aber verpflichtet wäre, im Verlust an Selbstachtung, der mit solchen Dekompensationsdurchbrüchen einhergeht, in Exzessen von Selbstdestruktivität. So hat bei Michael Rutschky die Abwehr von Kulturpessimismus die finsterste Ichzerstörung mithervorgebracht. GEGEN ENDE.

30. Ohne Riskanz entsteht kein schönes Werk der Nichtanfänglichkeit, ab den mittleren Jahren, wenn man sich das Können in der spezifisch eigenen Ausdrucksweise erobert hat, besteht dieses Problem; mit zu viel Riskanz aber auch nicht, weil das auf zu viel Selbstbewußtsein verweist, das Risiko deshalb angstlos eingegangen wird, auftrumpfend, falsch. Man kann dann vor lauter individuellem Manierismus nicht mal mehr gute journalistische Texte schreiben; zuletzt Handke in BLAU über Poussin, ähnlich affektiert Botho Strauß in der Faz über große Liebesszenen des Theaters, quasi unverständlich, so überladen privatsprachlich abgedreht. Man muß irgendwie akzeptieren, daß man in die Banalität des Allgemeinen eingeht, daß die einen einholt, das man das nicht mit besonders betonter Ausspreizung des Individuellen stilistisch ungeschehen machen kann, daß man im Gegenteil auch diese Entwicklung als gegeben annehmen muß und einen inhaltlich adäquaten, neuen, überindividuellen Ausdruck des Allgemeinen finden muß.

Wo Geistesblitz und individuelle Originalität war, muß dann ein möglichst reichhaltiges, vielgestaltiges WISSEN aktiv sein, präsent verfügbar, präzise, korrekt, aus den unterschiedlichsten Lebensbereichen und Wissensdisziplinen soll es kommen, Bildung und Allgemeinbildung also substituieren Eigensinn und Individualität. Je älter man wird, umso wichtiger wird es, daß man sich darum bemüht, sich zum Gebildeten zu machen, daß man im Wissen der Welt und aus dem Wissen heraus lebt, wertet, denkt, auch produziert. Jedes einzelne Wissensdetail ist egal, die Summe ist es nicht. Die Energie des Wissens und die des Wissenwollens ist also die Antwort auf das Fatum, aus der Individualität mit den Jahren in die Banalität des Allgemeinen übergegangen zu sein. Und dann gehört natürlich auch handwerkliches Können dazu, Geschick, Nervosität für die Künste des Sozialen, der Auftrag zur Arbeit an der Seele, am Du-Verstehen, an der inneren Reife, all das gehört ins Konzert der Gegenmaßnahmen gegen diesen zugleich und zuerst zu akzeptierenden Ichverlust ans Allgemeine. DEMUT UND GESELLSCHAFT.

Alle Ambivalenz muß immer gleich einen NAMEN kriegen, verkürzt werden dadurch, beseitigt letztlich; hier der Begriff Coming-out, spätes Coming-out, in Hans Hütts Besprechung von Rutschkys Tagebüchern. Aber in diesem Begriff geht das Extreme, Irritierende von dessen Aufzeichnungen zu seiner Sexualität gar nicht auf, es ist ja gerade KEIN Coming-out, sondern ein forscherisch nach innen gerichtetes Bemühen um Verstehen des aufwühlend unverstandenen Trieblebens in ihm. Es ist interessant und seltsam, daß es oft gerade entschieden nichtheterosexuellen Menschen schwerfällt, die reale Abgründigkeit der Sexualität und des Begehrens wirklich auszuhalten, daß alles eindeutig zurechtnormalisiert werden muß, klargemacht: Coming-out, ein Aschenbach, verdeckt schwul.

Mai

2. Ein ein bißchen stumpfer Meister: Gustave Caillebotte. Hier: Straße in Paris, Regenwetter, 1877, das Plakat zur Ausstellung in der Alten Nationalgalerie, bei Betrachtung der gewählten Perspektive auf das Haus in der linken Mitte, die Fluchtlinien des Dachs und der Fenstersimse, alles bißchen stumpf.

Man muß SPÜREN, was man gemacht hat, um das Weitermachen in der Produktion richtig bestimmen zu können, denn WISSEN kann man es nicht. Man kann mit Wissen das Bisherige nicht in seiner Unterschiedlichkeit und Komplexität erfassen, und schon gar nicht in Bezug setzen zum total Diffusen des Geplanten. Was heißt das für die Produktion, wenn die Gespürkräfte schwächer werden? Die Gespürorientierung als eine höhere Art der Intelligenz.

Der Infantilismus der Kunst, die Reifeverweigerung des Künstlers, der an unerwachsenen Lebensformen festhalten muß, um zum Reich des Extremismus, der Verantwortungslosigkeit, der Spielerei und Unvernunft, des Provisorischen und der Nichteindeutigkeiten Zutritt zu bekommen und dort Aufenthalts- und Lebensrecht zu haben, um von dort aus wirklich künstlerisch produzieren zu können. Dem entgegen steht ein Realleben voll von Verantwortlichkeiten, durch das man aus diesem Reich der Kunst vertrieben wird und dadurch vor die Aufgabe gestellt, eine nichtinfantile, behäbige, erdenschwere, also eigentlich unkünstlerische Kunst zu machen. Aber wie geht das? Und ist es überhaupt möglich?

7. So wie Diedrich sein Denken in seinen Vorträgen entwickelt, früher waren es die Plattenkritiken, so ich meines in diesen Arbeitsheften hier. Ich habe dabei völlige thematische Freiheit, ohne die ich überhaupt keinen Gedanken fassen könnte; er hat das von außen ihm vorgegebene Thema, was für ihn für die Konkretion seiner Gedanken in umgekehrter Weise genauso wichtig ist. Beide Arten der Aufgabenstellung kommen aus Gegenstandsanflutungen der Aktualität, wie es das allgemeine öffentliche Gemurmel liefert, werden dem damit auch zugeschaltet und im Ergebnis Teil dieses Gemurmels.

Künstlertum: humble. Das ist der Effekt der künstlerischen Arbeit auf den Menschen: Scheitern, Nichtkönnen, Schwäche; das ist die Erfahrung, die man bei dieser Arbeit dauernd macht, es gelingt nicht, und die Gebrochenheit ist dann auch niedergelegt im Resultat; das sortiert auch die Gegenstände vor, die Menschen und Erfahrungen, zu denen Kunst sich hingezogen fühlt, die sie thematisiert; das Dunkelheitswesen der Welt, das im Künstler wirkt, das er ausstrahlt. Die Kunst triumphiert vielleicht, der Künstler nicht. All das wirkt auch auf den Rezipienten der Kunst ein, sie vertieft das Ich, macht es groß, weit, zugleich aber eben auch kaputtheitsgeneigt.

glühwürmchen glimme
glimme, glühwürmchen glimme
glimme

Das KÜNSTLERTAGEBUCH. Gibt es überhaupt andere? Dachte eben an das von Delacroix.

8. Nichts ist sicher im Verhältnis von Geschwistern zueinander. Ganz im Gegenteil, man mutet sich gegenseitig dauernd zu viel zu, einfach weil man es so gewöhnt ist, daß man sich ja doch wieder zusammenfinden wird, wie es in der Kindheit unter dem Druck des gemeinsamen Zusammenlebens ja auch war. Dieser Außendruck entfällt aber im Erwachsenenalter, man muß ihn durch gefühlsmäßige und intellektuelle Steuerungsbemühungen sehr aktiv selber ersetzen. Außerdem sind alle Verhältnisse innerhalb der Familie zusätzlich belastet von der Infantilität, aus der sie kommen und in die hinein jeder zurückzufallen droht. Infantiles Verhalten gibt sich selber die Lizenz, auch Unzulässiges zu tun, weil es auf Nachsicht zählen und Verständnis erwarten kann, es entzieht sich dem normalen Selbstanspruch, für sich selbst verantwortlich zu sein und die Folgen anzunehmen. Diese Art der Enthemmung ist dauernd eine hochattraktive Versuchung, gegen die man sich gerade innerhalb der Familie immer wieder mit Mühe entscheiden muß. All den positiven Dingen, daß man sich schon so lange kennt, so nahe ist, in Liebe auch verbunden ist, stehen also in der Familie auch sehr starke negative, belastende, das Miteinander kompliziert erschwerende Dinge gegenüber. Familie ist eine hohe Kunst, die wahrscheinlich über mehrere Generationen hinweg entwickelt und erlernt werden muß, und nur dann gelingt, wenn der Einzelne innerhalb dieser Folge sich immer wieder sehr darum bemüht und darauf konzentriert. DIE FAMILIE. Roman.

Man will nicht nur die TEXTE bewundern, sondern auch das LEBEN der Autoren, das die Texte hervorgebracht hat. Das ist naiv, aber doch auch berechtigt, sogar richtig. Man darf sich davon nur nicht abhalten lassen, Texte anzuerkennen auch von Autoren, deren Leben man falsch oder abstoßend findet. Mit Benjamin von Stuckrad-Barres Remix 3, »Ich glaub, mir gehts nicht so gut, ich muß mich mal irgendwo hinlegen«, wo mich dieses sinnlos Dominante seiner Promiweltfaszination, die er ja dauernd real auslebt, als Haltung wahnsinnig abstößt, aber was dabei an Texten entsteht, finde ich einfach herrlich. Hier Harald Schmidt über Steuerflucht und Reichensteuer, 245.

Ob wir den Gestürzten nicht mit mehr Nachsicht und Barmherzigkeit begegnen sollen? Rutschky 2013 im Merkur Sonderheft, über den Absturz der Vorbilder, als ahnte er schon, was er mit sich selbst machen würde, GEGEN ENDE. Wer ist wir? 1055, 1046.

Liegerad: Inbegriff der Verpeiltheit des Individualismus.

9. Der Blick von außen, den der Leser auf den Text hat; die Sicht von innen dagegen, die der Sprache und der Intention, die den Text hervorbringt bei der Produktion, die Sicht des Autors. Wie ich beim Hochgehen auf der

Treppe eben dachte, jetzt bin ich gespannt, wie die Sache von außen aussieht, das gestern am Stück Gemachte.

Den Kitsch leben als öffentliche Persona auf Instagram, anstatt den realen Alltag, wie: Supermarkt, Stau, Regenwetter; finde ich natürlich falsch, die Alltagsrealität wäre interessanter als die glanzüberglänzte optische Exquisitheitsexhibition; Christian Kracht in Los Angeles, Florenz, Maine, Neuschwanstein, wie er sich da sieht, zeigt, gefällt.

Kritik: Wissensdarbietung
Kunst: Wissensanwendung

Kritik expliziert Wissen, Kunst verbirgt es, auch darin verfährt Kunst wie das Leben, Variante.

TRUE REALISM

true realism, Efros said
requires data, data, data
about the gunk, the dirt
the complexity of the world

which is best gathered
by accident, through the recording
of ordinary life

this vast archive
of the uninteresting
has made a new level
of synthetic realism possible

ORDINARY LIFE

Vielleicht gilt die Regel: wer Bilder nicht verkaufen will, hat auch kein Recht, sie im Galeriekontext auszustellen. Das würde meinen Fall in der New Yorker HÖLLE Ausstellung so abdecken, wie es meinem Gefühl entspricht. Schamexzeß, aber erkenntnisreich.

12. Modell der Integrität: Beckett. Mit der Biographie von Alfred Simon. Das ist die Idee von Autorschaft, mit der ich eigentlich aufgewachsen bin, totaler Ernst, Moderne. Zerfetzt, kaputt, rebellisch, das XX. Jahrhundert, Uwe Johnson, Peter Weiss; heute, zwölfter Mai, hat Joseph Beuys Geburtstag, 12.5.21. Und was heißt das jetzt für JETZT?

Raumschiff
Ausblick

faustdick
Auftritt
Mausklick

Geschichtskolumne

Demokratie als Diktatur denken, und umgekehrt

Von Claudia Gatzka

Seit zwanzig Jahren beobachten Politikwissenschaftler, wie sich Autokratien (in unterschiedlichen Abstufungen) wieder auf dem Globus ausbreiten. Zwei Drittel der Weltbevölkerung, vornehmlich in Asien, Afrika und Südamerika, leben heute unter autokratischer Herrschaft – eine Rückkehr zum Stand von 1972. Die »third wave of democratization« seit den 1970er Jahren ist also versandet, und manche Politikwissenschaftler sprechen nun von der »third wave of autocratization«.[1] Sollte sie sich zu solcher Höhe auftürmen, dass sie den nordamerikanischen Kontinent erfasst, wäre das ein Novum in der Geschichte, waren die USA im 20. Jahrhundert doch der demokratische Fels in der autokratischen Brandung.

Doch der Griff zur maritimen Metaphorik war schon immer eine etwas hilflose Strategie, mit menschengemachten Umbrüchen umzugehen. Autokratien entstehen ebenso wenig wie Demokratien durch göttliche Winde oder Dominoeffekte. Der internationale und globale Zusammenhang kann, muss aber nicht politische Umbrüche in einzelnen Staaten erklären. Erst jüngst hat Thomas Etzemüller dankenswerterweise daran erinnert, dass auch in der Zwischenkriegszeit nicht alle liberaldemokratisch verfassten Staaten der autoritären Versuchung erlagen. Damit hat er auch eine Obsession der Historiker und Politikwissenschaftler mit der Diktatur aufgedeckt, die autoritäre Fantasien zum Signum einer Epoche erheben und demokratische Resilienz dadurch vergessen machen.[2]

Eine gewisse Neigung, Diktaturen in Vergangenheit und Zukunft für unausweichlich zu halten, vereint in diesen Zeiten also eine Vielzahl von Sprechern. Zugrunde liegt zum einen die – nach politologischen Maßstäben – messbare Autokratisierung der Welt seit 2002, zum anderen aber auch die problematische, weil tendenziell fatalistische Vorstellung, Diktatur und Demokratie würden von Wellen getragen, die ganze Erdteile überspülten. Das Bild erklärt wenig, birgt aber das Potential selbsterfüllender Prophezeiungen, die in der Geschichte politischer Kommunikation nicht zu unterschätzen sind. Auch vor 1933 sah man in Deutschland vielerorts die Diktatur kommen.

Dass Diktatur und Demokratie menschengemacht sind und nicht gleichsam durch Krisen, Kriege oder Revolutionen quasi naturgesetzlich von einem Zustand in den anderen kippen müssen, lässt sich

1 Uwe Backes, *Autokratien*. Baden-Baden: Nomos 2022; Anna Lührmann / Staffan I. Lindberg, *A third wave of autocratization is here: what is new about it?* In: *Democratization*, Nr. 26/7, 2019.

2 Thomas Etzemüller, *Demokratie in der Zwischenkriegszeit – die Mär eines europäischen Scheiterns. Eine irritierte Intervention*. In: *Merkur*, Nr. 897, Februar 2024.

vielleicht besser im Bild von Ebbe und Flut fassen, um einmal maritim anschlussfähig zu bleiben. Sowohl in Monarchien als auch in Republiken haben Zeitgenossen im 19. und 20. Jahrhundert die Problemlösungskompetenz angesichts multipler Krisenerfahrungen mal eher bei demokratischen, mal eher bei autoritären Regierungsformen verortet.[3] Dabei geht es, sehr vergröbert, um den Widerstreit zwischen dem stets attraktiven Modus des effizienten Durchregierens (dank der Einschränkung von Gewaltenteilung und der Begrenzung von Regierungskomplexität) und dem Prinzip der Freiheit zur Selbstregierung, das offen gestanden selten das wichtigste Ideal war, sondern vor allem dann geltend gemacht wurde, wenn man mit der konkreten Politik der Regierung nicht zufrieden war.

So auch heute. Doch ist das Pendel nun wieder in Richtung Autokratie ausgeschlagen? Sehnen sich Wählermassen nach Präsidenten oder gar Diktatoren, die über uneingeschränkte Macht verfügen, die Rechtssicherheit aussetzen, Freiheiten ausschalten können? Die Antworten müssen allein schon aufgrund des historischen Ballasts des vergangenen Jahrhunderts skeptisch ausfallen. Das kulturelle Gedächtnis weiß um die Diktaturen des 20. Jahrhunderts – mehr vielleicht, als das gegenwärtige Bewusstsein um die Realität der bestehenden Autokratien in der Welt weiß. Es ist daher nicht mehr so einfach wie noch in der Krisenzeit um 1930 möglich, die Diktatur für denkbar und für wünschenswert zu halten. Der Umstand, dass autoritäre Lösungen seit geraumer Zeit ausgerechnet im Hinblick auf mögliche Auswege aus der Klima- und Umweltapokalypse debattiert werden, ist für viele ja gerade ein Anlass, demokratische Werte vorzuschützen.[4] Nur wenige halten heute eine »Ökodiktatur« für eine realistische Option, selbst wenn sie von der Notwendigkeit ökologischer Gegensteuerung überzeugt sind. Selbst wer eine positive Vision vom autoritären Durchregieren hat, wenn es um gewisse Politiken geht (zum Beispiel die Rückführung gesellschaftlicher Liberalisierung und die Ausweisung oder Abwehr als migrantisch markierter Bevölkerungsteile), grenzt sich von der Diktatur ab. Denn auch auf dieser Seite ist die Rede davon, es gelte Freiheiten und Rechte zu verteidigen, vor allem als Konsumenten.

Das Interessante ist also, dass die Diktatur faktisch ausgedient hat, dass schon lange niemand mehr ernsthaft für autokratische Verhältnisse werben kann, dass sie allerorts als desavouiert gelten und dennoch scheinbar vor der Tür stehen. Wie kann es sein, dass niemand Diktatur will, aber viele sie kommen sehen?

3 Vgl. Thomas Mergel, *Dictatorship and Democracy, 1918–1939*. In: Helmut Walser Smith (Hrsg.), *The Oxford Handbook of Modern German History*. Oxford University Press 2011; David Stasavage, *The Decline and Rise of Democracy. A Global History from Antiquity to Today*. Princeton University Press 2020.

4 Daniel A. Bell, *The China Model. Political Meritocracy and the Limits of Democracy*. Princeton University Press 2015; Mark Beeson, *The coming of environmental authoritarianism*. In: *Environmental Politics*, Nr. 19/2, 2010.

Die Diktatur der Gegner: Positionalität

Es kann deshalb sein, weil sich der Diktaturbegriff von einem historischen zu einem aktuellen politischen Kampfbegriff entwickelt hat. Er dient heute vorrangig der Diskreditierung des Gegners und der semantischen Umwertung des liberaldemokratischen Institutionengefüges in eine Art Pseudodiktatur. Anders als im Fall der »Autokratie« kann das Sprechen von der »Diktatur« auf Vergangenheiten verweisen, die gewissermaßen zu globalen Erinnerungsorten der Unfreiheit geworden sind. Als Abbreviatur für reale, aber vergangene Regime kann und soll der Diktaturbegriff Bilder evozieren, die Schrecken erzeugen. Gerade in Deutschland, aber auch in Italien oder Österreich, kommt er seit einigen Jahren explizit oder implizit zum Einsatz, um politische Gegner, politische Projekte oder die Verfassungspraxis zu delegitimieren – oder schlicht, um Verwirrung zu stiften.

Während der Pandemie prangten »Merkel-Diktatur« oder »Corona-Diktatur« auf den Pappschildern selbsternannter Querdenker. Eine die Sozialschichten und Bildungsabschlüsse übergreifende Phalanx prangerte die Einschränkung ihrer Freiheiten als »illegal« an.[5] Wer aber »Diktatur« sagt, protestiert nicht mehr nur, denn Protest drückt, wie etwa auch Enttäuschung mit der Politik, noch immer eine Verbindung mit dem politischen System aus.[6] Wer »Diktatur« sagt, bestreitet dessen Legitimität hingegen fundamental: Handeln gerät hier zum »Widerstand«, der den Ausstieg aus dem Herrschaftsverband in seiner aktuellen politischen Verfasstheit anzeigt.[7]

Man muss Diktaturanalogien, Diktaturvorwürfe und Diktaturwarnungen daher zunächst einmal als diskursive Hervorbringungen der Demokratie verstehen, denen gewisse Funktionen in der demokratischen Selbstverständigung und im politischen Konfliktgeschehen pluralistisch organisierter Gesellschaften zukommen. Einerseits kann der Diktaturtopos den Zweck erfüllen, plakativ (doch in wahrhaftiger Absicht) auf Probleme politischer Herrschaft hinzuweisen. Diktaturvorwürfe können die liberale Repräsentativdemokratie an ihre eigenen demokratischen Defizite erinnern, und wer diese Vorwürfe äußert, kann sich durchaus als Anwalt der Demokratie verstehen. Hier lässt sich der Diktaturvorwurf als eine Überspitzung verstehen, die im Namen der Demokratie eine bestehende Ordnung und die Entscheidungen, die sie produziert, in Frage stellt.

Andererseits kann die Diktaturanalogie in der liberalen Demokratie aber auch eine rhetorische Strategie sein, um das politische System und seine Träger bei den

5 *Der Widerstand*, Nr. 2 vom 24. April 2020; vgl. Wolfgang Benz (Hrsg.), *Querdenken. Protestbewegung zwischen Demokratieverachtung, Hass und Aufruhr*. Berlin: Metropol 2021.

6 Vgl. Bernhard Gotto, *Enttäuschung in der Demokratie. Erfahrung und Deutung von politischem Engagement in der Bundesrepublik Deutschland während der 1970er und 1980er Jahre*. Berlin: De Gruyter Oldenbourg 2018.

7 Auch vom »Vulgärheroismus« ist die Rede, so bei Astrid Séville, *Das Märchen vom Widerstand. Der Vulgärheroismus der Rechtspopulisten*. In: *Kursbuch*, Nr. 200/1, Dezember 2019.

Repräsentierten in Misskredit zu bringen und so einen tiefergehenden politischen Umbruch vorzubereiten. In diesem Fall mangelt es den Sprechern an Wahrhaftigkeit; vielmehr werden sie in völliger Ignoranz oder bewusster Verzerrung der empirischen Realität die Diktaturdiagnose willkürlich und systematisch einsetzen und öffentlich verbreiten, um die Repräsentierten glauben zu machen, sie lebten in einer Diktatur und müssten »befreit« werden. Diktaturnarrative bilden in dieser Hinsicht einen Teil der Strategie jener, die sich als Systemgegner verstehen, aktuell wie auch bereits in der Demokratiegeschichte des 20. Jahrhunderts. Die diskursive Autokratisierung der liberalen Republik hat in Italien, betrieben durch das Umfeld der Lega und durch Matteo Salvini selbst, so gut funktioniert, dass schließlich eine nationalistische Regierungschefin gewählt wurde.[8]

Dass sich die politische Rechte heute als Freiheitskämpferin geriert und sich damit in die nationalistisch-demokratische Tradition des 19. Jahrhunderts und des Zweiten Weltkriegs zu stellen versucht, ist das eine. Das andere ist, dass sich Deutungseliten in den liberalen Medien zu *fellow travellers* dieser Idee machen. Ihre Kritik an der hegemonialen »Wokeness« der Linken verführt sie zur Diagnose einer »Minderheitendiktatur«, die sie leichtfüßig vortragen, weil sie damit »in bester demokratischer Manier unterdrückte Mehrheitsinteressen retten möchten«.[9] Der ganze derzeit geführte Mehrheitsdiskurs der Konservativen und Liberalen spielt auf dieser Klaviatur, mit dem nützlichen Effekt, an der Beschaffung jener Mehrheit mitzuwirken, von der er spricht.[10]

Einmal in der Welt, war die Diktaturanalogie selbst in solchen Situationen schnell zur Hand, wo Sprecher im Namen der nüchternen Sozialwissenschaft auftraten. Bewusst oder unbewusst griff der Geschäftsführer des Meinungsforschungsinstituts Forsa, Manfred Güllner, das Konzept der Minderheitendiktatur seit 2016 in seinen Vorträgen auf. Die sinkende Wahlbeteiligung erklärte er mit Hinweis auf eine vermeintliche »Diktatur der Minoritäten«, womit er den Umstand meinte, dass sich Politik und Massenmedien in Deutschland an den Meinungen gewisser Minderheiten orientierten.[11] Das desavouierende Sprechen von der »Diktatur« zeitigt mithin Diskurseffekte, die auch das problematisierende Sprechen über den Zustand der Demokratie affiziert. Das wäre dann ein weiterer Normalisierungsprozess, der in der jüngsten

8 Vgl. Claudia Gatzka, *Italien: Das Script der »Befreiung«*. In: Andreas Audretsch / Claudia Gatzka (Hrsg.), *Schleichend an die Macht. Wie die Neue Rechte Geschichte instrumentalisiert, um Deutungshoheit über unsere Zukunft zu erlangen*. Bonn: Dietz 2020.

9 Bettina Röhl, *Das wahre Gesicht des Populismus*. In: *WirtschaftsWoche* vom 3. Juni 2014 (www.wiwo.de/politik/deutschland/bettina-roehl-direkt-die-populistische-gender-politik/9981580.html).

10 Sarna Röser, *Ein Plädoyer für die Mehrheit. Innovation oder Ideologie: In welchem Deutschland wollen wir leben?* Kulmbach: Plassen 2023.

11 Manfred Güllner, *Politik contra Bürger – Erreicht Politik noch den Bürger?* Vortrag bei der dbb-Jahrestagung in Köln vom 11. Januar 2016 (www.dbb.de/artikel/forsa-chef-manfred-guellner-diktatur-der-minoritaeten-sorgt-fuer-entfremdung-zwischen-politik-und-buergern.html).

Gegenwart von der politischen Rechten ausgegangen ist.

Unfreiwillig dient auch das breite Feld der Gedächtniskultur als Inspirationsraum für selbsterklärte Widerstandskämpfer. Mittlerweile hat die »Corona-Diktatur« ihre eigene Aufarbeitungsabteilung, die im Münchner Rubikon-Verlag Bestseller produziert. Begriffe aufgreifend, die gemeinhin mit der DDR oder dem NS-Regime assoziiert werden, verurteilen darin nicht etwa Spinner oder Marginalisierte, sondern west- wie ostdeutsche Bildungs- und Funktionseliten das »Corona-Unrecht« und seine »Täter«, decken die »Lügen« der »Mächtigen« auf und entlarven die »Propaganda« der Massenmedien.[12] Die Bilder und Kategorien, die der historische Aufarbeitungssektor bereitstellt, wirken offenbar mittlerweile wie ein Bumerang. Sie motivieren zur Simulation oder zu einer Art Reenactment von Diktatur im liberal-demokratischen Staat, indem sie sich der Skripte und Symbole historischer Diktaturen bedienen – mit dem »Judenstern« in der Anti-Impfkampagne als vielleicht eindrücklichstem Beispiel.

Die Reaktionen und Gegenstrategien wirken hilflos. Der Berliner Landesbeauftragte zur Aufarbeitung der SED-Diktatur erinnerte zum Weihnachtsfest 2021 daran, dass die Verhältnisse in der Bundesrepublik sehr anders seien als in der DDR, und kritisierte die Diktaturdiagnostiker dafür, reale Diktaturen zu verharmlosen und damit den Menschen, die darin leben und leiden müssten, Unrecht zu tun.[13] Ähnliches hatte wohl auch die Jury der sprachkritischen Aktion im Kopf, als sie die »Corona-Diktatur« zum Unwort des Jahres 2020 wählte. Solche moralischen und symbolischen Verurteilungen sind nachvollziehbar, aber laufen auch Gefahr, die Diktaturvorwürfe von außen zu nähren. Statt Irritation und Abwehr ließe sich noch eine andere Strategie wählen, die offensiv ausgerichtet ist und bei dem wissenschaftlichen Befund ansetzt, dass demokratische Systeme ja tatsächlich unter gewissen Bedingungen in autokratische kippen können. Welche Bedingungen das sind (und wie viele davon aktuell nicht gelten), darüber müsste man dann reden.

Temporalität: Verschwimmende Grenzen

Geschichte und globale Gegenwart lehren, dass die Grenzen zwischen Demokratie und Diktatur faktisch irgendwann aufweichen können. Systemtransformationen wären ohne diese Möglichkeit überhaupt nicht denkbar. Doch woran lässt sich erkennen, wann die Demokratiedämmerung eingesetzt hat und wann ein System tatsächlich in einen anderen Zustand übergegangen ist? Diese Frage beschäftigt nicht nur die Transformationsforschung. Sie war und ist auch immer eine politische Frage und ein Problem

12 Marcus Klöckner / Jens Wernicke, *»Möge die gesamte Republik mit dem Finger auf sie zeigen.« Das Corona-Unrecht und seine Täter* (2022); Alexander Christ, *Corona-Staat. Wo Recht zu Unrecht wird, wird Menschlichkeit zur Pflicht* (2022); Michael Meyen, *Die Propaganda-Matrix. Der Kampf für freie Medien entscheidet über unsere Zukunft* (2021). Alle in München bei Rubikon.

13 *SED-Aufarbeitungsbeauftragter beklagt Verharmlosung der Diktatur*. In: *FAZ* vom 25. Dezember 2021 (www.faz.net/aktuell/politik/inland/corona-diktatur-sed-aufarbeitungsbeauftragter-uebt-kritik-17701333.html).

der gesellschaftlichen und diplomatischen Aushandlung. Russland ist ein gutes Beispiel dafür, wie »die« Diktatur häufig erst durch diskursive Zuweisung empirische Qualität erlangt. Russland war unter Wladimir Putin aus Sicht vieler, vor allem der politischen Gegner, ab einem gewissen Zeitpunkt eine faktische Diktatur. Der Europarat aber stufte Russland erst am 13. Oktober 2023 offiziell als Defacto-Diktatur ein. Damit verbunden war die Aufforderung an alle Mitgliedstaaten der EU, die Legitimität Wladimir Putins als Präsidenten der Russischen Föderation nicht mehr anzuerkennen – allerdings erst nach Ende der bis März 2024 laufenden Amtszeit. Bis dahin hatte er, zumindest aus Sicht des Europarats, noch als demokratisch gewählt gelten müssen.[14]

Dieser Fall zeigt, was in der Geschichte von Demokratie und Diktatur häufiger anzutreffen war: dass nämlich der Punkt, an dem sich der Umschlag vom einen in das andere aus Sicht der Beobachtenden klar und einhellig identifizieren lässt, im Prinzip nicht zu finden ist. Als Begründung für den Europarat galt im Fall Russlands die Erfüllung folgender Tatbestände: die Missachtung der Verfassung, die Ausweitung der Machtfülle und die fehlende zeitliche Begrenzung der Machtposition Putins, fehlende *checks and balances* wie ein starkes Parlament, eine unabhängige Justiz und eine freie Presse, die Verfolgung der politischen Opposition und das damit zusammenhängende Einfrieren der Zivilgesellschaft, woraus politische Indifferenz und Propagandagläubigkeit der Bürger erwachse. Inwiefern aber waren die angeführten Kriterien wirklich erst am 13. Oktober 2023 erfüllt? Entscheidend war auch die Realität des Ukrainekriegs. So hieß es in der Begründung, schließlich zeige dieser russische Angriffskrieg, dass Diktaturen eine Bedrohung für den internationalen Frieden und für die territoriale Integrität ihrer Nachbarn darstellten. Die Empirie soll so in diesem Fall auch die theoretische Valenz eines weiteren Kriteriums herausstellen, nämlich die Bedrohung, die anderen Staaten aus der Gegenwart von Diktaturen erwachse.

Der 13. Oktober 2023 verweist darauf, dass die Identifizierung von Diktaturen im Rahmen internationaler Politik immer auch einen normativen Akt darstellt, dem die Perspektiven der in solchen Systemen Lebenden oder auch der Wissenschaft entgegenlaufen können. Als politische Akte verweisen Diktaturdiagnosen heute normativ auf den schützenswerten Gegenentwurf der liberalen Demokratie; sie sind genau besehen nur als Negation der liberalen Demokratie denkbar – als die System gewordene Absenz gewisser Elemente, die funktionierende Demokratien der Gegenwart kennzeichnen. Offen ist lediglich, auf Basis welcher Kriterien die Grenze eindeutig erkennbar wird. Insofern tragen viele Diktaturdiagnosen in Politik und Gesellschaft, aber auch der Autokratiebegriff der Politikwissenschaft, einen Demokratie-Bias in sich. Sie machen »Diktatur« lediglich als die systemische Alternative zur Demokratie denkbar, aber nicht als etwas, das in einzelnen Facetten, in einzelnen Erscheinungsfor-

14 Council of Europe, Parliamentary Assembly, Resolution 2519 (2023), *Examining the legitimacy and legality of the ad hominem term-limit waiver for the incumbent President of the Russian Federation* vom 13. Oktober 2023.

men oder aber in der Gestalt von Wahrnehmungen auch in liberal-demokratisch verfassten Staaten anzutreffen sein kann – und umgekehrt.

Eine solche normative Unterscheidung von Demokratie und Diktatur, die auch die historisch-politische Bildung inspiriert, erfasst allerdings nicht, was die konkreten historischen Erscheinungsformen vor allem im 20. Jahrhundert, aber auch in der aktuellen Gegenwart bereithalten. Das sind zum einen Einblicke in Systeme, die sich als Alternativen zur liberalen Demokratie verstanden, aber deshalb nicht einfach als Ablehnung *von* etwas, sondern auch als Ermöglichung *zu* etwas begriffen werden konnten.[15] Zum anderen zeigten und zeigen sich, wie vor allem die jüngere historische Forschung betont, Konstellationen, da sich Demokratisches und Diktatoriales unabhängig vom politischen System überlagern können.

Die verschwimmende Grenze zwischen Demokratie und Diktatur ist deshalb nicht nur ein aktuelles Diskursphänomen, eine Provokation, die Gewissheiten der historisch-politischen Bildung zur Disposition stellt und Verwirrung stiften soll, die jenen nützt, die das existierende System umstürzen möchten. Die mögliche Transition von der Demokratie zur Diktatur ist auch ein empirisches Problem, das bereits im antiken Rom aufgeworfen, aber im 20. Jahrhundert besonders virulent wurde. Insofern ist es vor allem ein historiografisches Problem.

15 Vgl. bereits Kurt Sontheimer, *Antidemokratisches Denken in der Weimarer Republik. Die politischen Ideen des deutschen Nationalismus zwischen 1918 und 1933* [1962]. München: dtv 1983.

Diktatur als Demokratie denken: Historiografie

Das kulturelle Gedächtnis der vereinigten Bundesrepublik und seine öffentliche Geschichtskultur beruhen auf der grundsätzlichen Unterscheidung zwischen Demokratie und Diktatur. Aus der Abgrenzung sowohl vom NS-Regime als auch von der DDR erwuchs nach 1990 ein intuitives Verständnis davon, dass das eine »Rechtsstaat« und das andere »Unrechtsstaat« sei, Ersteres die Gegenwart und Letzteres die Vergangenheit, abgeschlossen in zeitlichen Behältern, die sich mit 1933 bis 1945 und mit 1949 bis 1990 beschriften ließen.[16]

Die Geschichtswissenschaft hat viel dazu beigetragen, diese Zeitperioden auszuleuchten und Bilder aus der Diktatur zu sammeln. Mit der Aufgabe gesellschaftlicher Orientierung betraut, fungiert sie als Aufarbeitungswissenschaft par excellence für eine Gesellschaft, die sich ihrer eigenen Demokratiequalität im Spiegel der diktatorialen Vergangenheit vergewissern will. Die Historikerin Mary Fulbrook, Spezialistin für DDR-Geschichte, hat in den 1990er Jahren angemerkt, dass sich Historiker dabei von den historisch-politischen Debatten und Sprechweisen ihrer Gegenwart beeinflussen lassen. Schon den Diktaturbegriff hielt Fulbrook für »politisch-moralisch befrachtet«.[17]

16 Horst Möller, *Diktatur- und Demokratieforschung im 20. Jahrhundert. Über den Sinn des Vergleichs*. In: *Vierteljahrshefte für Zeitgeschichte*, Nr. 51/1, 2003.

17 Mary Fulbrook, *Methodologische Überlegungen zu einer Gesellschaftsgeschichte der DDR*. In: Richard Bessel / Ralph Jessen (Hrsg.), *Die Grenzen der Diktatur. Staat und Gesellschaft in der DDR*. Göttingen: Vandenhoeck & Ruprecht 1996.

Die Zeithistorie hält jedoch bis heute an ihm fest, während Politikwissenschaftler von »Autokratien« oder »autoritären Systemen« sprechen, weil ihnen der Diktaturbegriff zu diffus erschien.[18] Doch die »Diktatur« ist für das deutsche Selbstverständnis ein zu starkes Symbol, als dass man es in der öffentlichkeitsaffinen Geschichtsschreibung einfach beerdigen könnte.

Zugleich aber trägt die jüngere Geschichtswissenschaft dazu bei, Unschärfen zu erzeugen. Inspiriert auch durch politikwissenschaftliche Zeitdiagnosen reißen Historikerinnen derzeit die Mauer ein, die Demokratie und Diktatur im kulturellen Gedächtnis trennt. »Jenseits von Demokratie oder Diktatur« werden in neuesten Studien zum staatlichen Handeln in Ministerien und Verwaltung die Kontinuitäten herausgestellt, die die Zäsuren von 1933 oder 1945 transzendierten – ganz zu schweigen von den Kontinuitäten des Verwaltungspersonals, die schon länger bekannt sind.[19] Historikerinnen und Historiker begreifen die NS-Diktatur als eine »illiberale Demokratie« oder, mutmaßlich im Anschluss an die zeitgenössische Propagandasprache, als eine »totale Demokratie«.[20] Bereits in den 1990er Jahren loteten DDR-Historiker die »Grenzen der Diktatur« aus und meinten damit nicht nur die hausgemachten Probleme des SED-Regimes, sondern dessen Limitierungen bei der Durchdringung der ostdeutschen Gesellschaft.[21] Jüngere Demokratiehistoriker sprechen, in Anlehnung an Jacob Talmon, von einer »bolschewistischen totalitären Demokratie« als Gegenentwurf zur westlichen Demokratie.[22] Ein fruchtbarer Ansatz stammt von Christina Morina, die in ihrem neuen Buch aufzeigt, dass die Geschichte der SED-Diktatur auch als eine Geschichte des Demokratieanspruchs verstanden werden muss, der in der Bevölkerung Widerhall fand.[23]

Die aktuelle Geschichtswissenschaft trägt also mit ihren Befunden dazu bei, die Grenzen zwischen Demokratie und Diktatur verschwimmen zu lassen. Zugleich aber werden auch Wissenschaftler, wenn konkret daraufhin befragt, sicherlich nicht die These vertreten, dass sich Demokratie und Diktatur in der Geschichte Deutschlands nicht mehr unterscheiden ließen. Eine Debatte darüber, was es für die geschichtswissenschaftliche Deutung, aber auch für das politische Selbstverständnis der Gegenwart bedeutet, wenn das Ver-

18 Steffen Kailitz / Patrick Köllner (Hrsg.), *Autokratien im Vergleich*. Baden-Baden: Nomos 2013.

19 Stefanie Middendorf, *Beyond Democracy or Dictatorship: Structuring Sovereign Debt in Germany from Weimar to the Postwar Period*. In: Nicolas Barreyre / Nicolas Delalande (Hrsg.), *A World of Public Debts. A Political History*. London: Palgrave Macmillan 2020.

20 Thomas Weber, *Nationalsozialistische illiberale Demokratie*. In: Ders. (Hrsg.), *Als die Demokratie starb. Die Machtergreifung der Nationalsozialisten – Geschichte und Gegenwart*. Freiburg: Herder 2022; Hedwig Richter, *Demokratie. Eine deutsche Affäre. Vom 18. Jahrhundert bis zur Gegenwart*. München: Beck 2020.

21 Richard Bessel / Ralph Jessen, *Einleitung: Die Grenzen der Diktatur.*

22 Tim B. Müller, *Nach dem Ersten Weltkrieg. Lebensversuche moderner Demokratien*. Hamburger Edition 2014.

23 Christina Morina, *Tausend Aufbrüche. Die Deutschen und ihre Demokratie seit den 1980er Jahren*. München: Siedler 2023.

hältnis zwischen Demokratie und Diktatur in der Geschichte offenbar anders zu vermessen ist, als noch vor dreißig Jahren angenommen, steht jedoch noch aus.

Das liegt auch daran, dass es keine innerfachlichen Debatten gibt über die analytischen Begriffe von Demokratie und Diktatur. Doch wer darüber diskutieren will, wie die Grenzen zwischen diesen Systemen verlaufen und ob der historische Grenzverlauf gar korrigiert werden muss, kann dies nicht, ohne zu definieren, was unter Demokratie und Diktatur verstanden werden soll.[24] Gegen Definitionen jedoch, denen immer etwas Überzeitliches, etwas scheinbar Essentielles anhaftet, sträuben sich die meisten Fachhistoriker. Sie entwickeln ihr Verständnis von einem Gegenstand lieber induktiv, um seinem historischen Facettenreichtum und seiner Wandlungsfähigkeit durch die Zeit, auch im Hinblick darauf, wie er *begriffen* wurde, auf die Spur zu kommen.

Doch woher wissen Historiker dann, dass sie eine Diktatur erforschen und nicht vielleicht doch eine Demokratie? Implizit legen natürlich auch sie Arbeitsdefinitionen von Demokratie und Diktatur zugrunde, allein schon, wenn sie ihren Untersuchungszeitraum auswählen und ihre Fragestellung und Forschungskategorien entwickeln. Sie operieren mit Idealtypen, die im Anschluss an Max Weber geradezu die Funktion haben, in der empirischen Welt so nicht auffindbar zu sein. Deshalb gibt es eigentlich auch keinen Grund, sich vor der Explikation solcher Arbeitsdefinitionen zu scheuen, denn sie finden ohnehin Anwendung. Mary Fulbrook hat einmal von »Kryptotypen« gesprochen, von impliziten Schablonen, mit denen sich Historiker den erforschten Gegenstand der Vergangenheit zurichten, indem sie damit festlegen, was sie unter welchem Blickwinkel betrachten wollen und was sie bewusst oder unbewusst abblenden. Solche Forschungskategorien beschreiben die Aspekte eines Problems, über das man etwas erfahren will.

An demokratische Systeme stellt man gemeinhin andere Fragen als an diktatoriale, weil man auf der Basis des zur Verfügung stehenden Wissens, und meist lediglich mit einem intuitiven Begriff von Demokratie oder Diktatur, davon ausgehen kann, dass demokratische Gesellschaften anders funktionieren als diktatoriale. Eine weitere implizite Annahme ist, dass Demokratien die »Normalität« abbilden und Diktaturen einen permanenten Ausnahmezustand. Nur so erklärt sich, warum auch momentan wieder viel über »Alltag in der Diktatur« gesprochen wird, aber bislang niemand ein Buch über »Alltag in der Demokratie« geschrieben hat, obwohl doch auch sie letztlich nur eine Form von Herrschaft darstellt.

Weil Historikerinnen selten offen über die Idealtypen reflektieren, die ihren Forschungsprozess strukturieren, hat auch kaum jemand bemerkt, dass sie seit ungefähr zwanzig Jahren bereits Fragen an historische Diktaturen stellen, die eigentlich demokratietheoretisch fundiert sind. Das trifft bereits auf die gesamte Debatte um »Konsens« und »Zustimmung« in den deutschen Diktaturen zu.[25] In jünge-

24 Vgl. Andreas Wirsching, *Hedwig Richter: Demokratie. Eine deutsche Affäre (Rezension)*. In: *sehepunkte*, Nr. 21/3, 2023 (www.sehepunkte.de/2021/03/34995.html).

25 Bei David Stasavage *(The Decline and Rise of Democracy)* unterscheiden sich Demo-

ren Jahren sind Forschungskategorien aus dem Wortfeld der Demokratiegeschichte vielfach auf die europäischen Diktaturen übertragen worden: von »Partizipation« über »Öffentlichkeit« und »Pluralismus« bis hin zum »Rechtsstaat«.[26] Umgekehrt sind die Grenzen von Verfassungsstaatlichkeit, Minderheitenschutz oder Meinungsfreiheit in den historischen Demokratien und namentlich in der Bundesrepublik herausgearbeitet worden, man denke nur an Josef Foschepoths Arbeiten zur Überwachungspraxis und zum KPD-Verbot oder jüngst Klaus-Dietmar Henkes *Adenauers Watergate* über das nachrichtendienstliche Vorgehen gegen die SPD.[27]

Doch wie sind diese verschwimmenden Grenzen in analytischer Sprache zu fassen? Handelt es sich um Geschichten der Ausnahme von der Regel? Oder gab es Enklaven des Demokratischen in der Diktatur und Enklaven des Diktatorialen in der Demokratie? Welcher substantielle Kern lässt eine Diktatur Diktatur und eine Demokratie Demokratie bleiben, auch wenn sie Grenzen aufweisen? Das sind Fragen, die unmittelbar hinüberführen zur politikwissenschaftlichen Diskussion um die Schwellenwerte zwischen demokratischen, autoritären und autokratischen Regimen.[28] Sie sollten dringend transdisziplinär geführt werden, bereichert um das historische Material, das es erlaubt, Alltagswahrnehmungen und politische Systembeschreibungen aus den verschiedensten Blickwinkeln und sozialen Positionen zu rekonstruieren. So lässt sich dann sicherlich auch zumindest in Ansätzen erklären, unter welchen Bedingungen Menschen dazu neigen, ihre persönliche Wahrnehmungstransition von der Demokratie in die Diktatur, und umgekehrt, zu erleben.[29]

kratien von Autokratien dadurch, dass sie auf dem Konsens der Beherrschten fußen. Demnach wäre die NS-Diktatur nach mehrheitlicher Lesart eine Demokratie. Vgl. als instruktiven Debattenbeitrag für die DDR Andrew I. Port, *Die rätselhafte Stabilität der DDR. Arbeit und Alltag im sozialistischen Deutschland.* Aus dem Amerikanischen von Sylvia Taschka. Berlin: Ch. Links 2010.

26 U. a. Michal Kopeček, *Was there a socialist Rechtsstaat in late communist East Central Europe? The Czechoslovak case in a regional context.* In: *Journal of Modern European History*, Nr. 18/3, 2020; Christian Möller, *Umwelt und Herrschaft in der DDR. Politik, Protest und die Grenzen der Partizipation in der Diktatur.* Göttingen: Vandenhoeck & Ruprecht 2020; Sven Reichardt, *Faschistische Beteiligungsdiktaturen. Anmerkungen zu einer Debatte.* In: *Tel Aviver Jahrbuch für deutsche Geschichte*, Nr. 42, 2014.

27 Josef Foschepoth, *Verfassungswidrig! Das KPD-Verbot im Kalten Bürgerkrieg.* Göttingen: Vandenhoeck & Ruprecht 2017; ders., *Überwachtes Deutschland. Post- und Telefonüberwachung in der alten Bundesrepublik.* Göttingen: Vandenhoeck & Ruprecht 2012; Klaus-Dietmar Henke, *Adenauers Watergate. Die Geheimoperation des BND gegen die SPD-Spitze.* Berlin: Ch. Links 2023.

28 Steffen Kailitz/Patrick Köllner, *Zur Autokratieforschung der Gegenwart: Klassifikatorische Vorschläge, theoretische Ansätze und analytische Dimensionen.* In: Dies. (Hrsg.), *Autokratien im Vergleich.*

29 Mehr dazu demnächst in Claudia C. Gatzka, *Demokratie und Diktatur. Geschichte und Gegenwart einer Grenzziehung.* Hamburger Edition 2024.

Islam und Antisemitismus

Von Manfred Sing

Warum sind in der islamischen Welt antisemitische Denkmuster bis hin zu offenem Judenhass derart weit verbreitet? In den öffentlichen Debatten der Gegenwart begegnen uns zwei sehr unterschiedliche Erklärungen dafür. Die eine behauptet, in den 1930er Jahren seien unter dem Einfluss Amin al-Husseinis, des Muftis von Jerusalem, Nazi-Propaganda und die Ideologie der ägyptischen Muslimbrüder auf fatale Weise miteinander verschmolzen. Seitdem komme, laut Matthias Küntzel,[1] auf tödliche Weise eine spezifische und historisch begründete islamische »Degradierung« von Juden zum Tragen. Die zweite Erklärung, vorgetragen etwa von Abdel-Hakim Ourghi,[2] unterstellt eine tiefe Verwurzelung der Judenfeindschaft »im Islam« selbst. Der Antisemitismus sei bereits im Koran angelegt, reiche historisch also bis in das siebte Jahrhundert zurück.

Es gibt gute Gründe, beiden Erklärungen zu widersprechen. Hochproblematisch ist bereits die Umstandslosigkeit, mit der sie dem Palästinakonflikt bei der Ausbreitung des Antisemitismus unter Arabern oder Muslimen eine untergeordnete Rolle zuweisen. Historisch spricht dagegen schon die beispiellose Häufung antijüdischer Aktionen sowie antisemitischer Äußerungen nach 1945, die eindeutig als Reaktion auf die zionistischen Besiedlungspläne zu werten sind. Unmittelbar nach der Abstimmung über den UN-Teilungsplan im November 1947 kam es zu mehreren Pogromen, etwa im Jemen, wo Juden seit drei Jahrtausenden gelebt hatten und das Land nun binnen drei Jahren fast komplett verließen.

Ähnlich verlief der Exodus der größten jüdischen Gemeinschaft des arabischen Ostens.[3] Im irakischen Königreich wurde im September 1948 der reichste jüdische, aber antizionistisch eingestellte Kaufmann Shafiq Ades ohne Vorlage von Beweisen als Kommunist und Verräter verurteilt und unter dem Jubel eines Mobs vor seinem Haus erhängt, da er angeblich Handel mit Israel betrieben habe. Im Monat darauf entließ die Regierung 1500 Juden aus dem Staatsdienst, in den Jahren 1950 und 1951 drängte sie monatlich Tausende zur Auswanderung, einerseits um den jungen Staat Israel vor logistische Probleme zu stellen und andererseits, um sich ihres Besitzes zu bemächtigen. Selbst noch die irakische Baath-Partei statuierte direkt nach ihrer Machtergreifung ein Exempel an angeblichen israelischen

1 Matthias Küntzel, *Djihad und Judenhaß. Über den neuen anti-jüdischen Krieg.* Freiburg: ça ira 2002.

2 Abdel-Hakim Ourghi, *Die Juden im Koran. Ein Zerrbild mit fatalen Folgen.* München: Claudius 2023.

3 Ausführlich dazu Edwin Black, *The expulsion that backfired: When Iraq kicked out its Jews.* In: *Times of Israel* vom 31. Mai 2016 (www.timesofisrael.com/the-expulsion-that-backfired-when-iraq-kicked-out-its-jews).

Spionen und ließ 1969 neun Juden, drei Muslime und zwei Christen öffentlich erhängen. Weitere Hinrichtungen folgten, so dass bis Anfang der siebziger Jahre auch fast alle noch verbliebenen Juden das Land verlassen hatten.

In all diesen Fällen war für die gewalttätige Eskalation nicht etwa der Islam oder der Islamismus, sondern nationalistischer Furor verantwortlich. Auch die größten jüdischen Gemeinschaften Nordafrikas emigrierten erst im Zuge der nationalen Unabhängigkeit Marokkos, Algeriens und Tunesiens ab Mitte der 1950er Jahre oder in den sechziger Jahren nach Frankreich oder Israel. Das hing auch damit zusammen, dass arabische Juden im Gegensatz zu Muslimen in französischen Kolonialgebieten voraussetzungslos Staatsbürger werden konnten. Im Zuge der Unabhängigkeitsprozesse wurden sie daher von arabischen Nationalisten beargwöhnt und der Kollaboration mit den Kolonialherren geziehen.

Mit der Niederlage arabischer Staaten im Sechstagekrieg 1967 übernahmen dann palästinensische Gruppen den bewaffneten Kampf gegen Israel und ließen befreiungsnationalistischen Ideen auch antisemitische Taten folgen, so etwa im Zuge der Geiselnahmen beim Olympia-Attentat 1972 in München, beim Ma'alot-Schulmassaker 1974 oder bei der Flugzeugentführung nach Entebbe 1976, bei der »jüdische« Passagiere dem Namen nach von nichtjüdischen getrennt wurden. Erst als die PLO nach zwei Jahrzehnten mehrheitlich zu Friedensverhandlungen umschwenkte, kamen die bis dato unpolitischen palästinensischen Muslimbrüder ins Spiel und gründeten 1988 die Hamas als Gruppierung, die die Ablehnung des Friedensprozesses in ein grünes Mäntelchen kleidete.

Die Islamisierung des Antisemitismus erfolgte bereits zuvor, insbesondere im Zuge der Islamischen Revolution in Iran (1978/79). Chomeini bezeichnete die USA und Israel als den »großen« und »kleinen Satan« und rief schon 1979 den al-Quds-Tag zur Befreiung Jerusalems aus. In diesem Kontext entstand nicht nur die Hisbollah im Libanon, auch Holocaust-Leugnung wurde geduldet, und Wettbewerbe zu Holocaust-Karikaturen (2006 und 2016) wurden als Ausdruck von Meinungsfreiheit gefeiert. Ein vergleichbares antisemitisches Ideengemisch findet sich auch bei neueren sunnitischen Dschihad-Gruppen wie etwa al-Qaida, die sich seit ihrer Kehrtwende gegen die USA in den 1990er Jahren in einem Kampf gegen eine »Allianz aus Kreuzfahrern und Zionisten« wähnt.

Muslimisch-jüdische Beziehungen

Die Tragik dieser Konfliktdynamik liegt darin, dass die zionistische Bewegung eine dauerhafte Antwort auf das Problem von Antisemitismus und Ausgrenzung in Europa suchte und so den Palästinakonflikt verursachte. In diesem realen Konflikt griffen wiederum viele arabische und muslimische Akteure auf genau dieselben irrealen antisemitischen Denkmuster zurück, auf die der Zionismus überhaupt erst als Reaktion entstanden war, wie etwa der Islamwissenschaftler Michael Kiefer herausgearbeitet hat.[4] Der rea-

4 Michael Kiefer, *Antisemitismus in den islamischen Gesellschaften. Der Palästina-Konflikt und der Transfer eines Feindbildes.*

le Konflikt um das Gebiet Palästina wurde dadurch entgrenzt und – in Gestalt der »jüdischen Lobby« – zu einer Allerklärung für die Malaise arabischer und islamischer Gesellschaften ausgeweitet. Und nicht zuletzt zog der Konflikt die arabischen Juden in Mitleidenschaft, die dem Zionismus als einer Bewegung europäischer Juden anfangs oftmals recht distanziert gegenüberstanden.

Denn über die Jahrhunderte gesehen gab es im Islam, im Gegensatz zum Christentum, keinen strukturellen Antijudaismus. Juden wurden nicht systematisch entrechtet, verfolgt, verbannt, verächtlich gemacht und getötet (was nicht heißt, dass es in Einzelfällen nicht auch zu Gewalttaten gekommen wäre). Juden waren bis ins 19. Jahrhundert mit muslimischen Untertanen zwar keineswegs gleichgestellt, galten aber bei Entrichtung einer Kopfsteuer grundsätzlich als Schutzbefohlene *(dhimma)*. Im ersten islamischen Gemeinwesen in Medina wurden die Juden sogar als Teil der (islamischen) Gemeinschaft *(umma)* aufgefasst. Als die Araber 638 Jerusalem eroberten, wurde ihnen nach rund fünf Jahrhunderten Verbannung die Rückkehr erlaubt.

Die schiitische Dynastie der Fatimiden erlaubte um die Jahrtausendwende auch wieder die Einrichtung einer jüdischen Hochschule, einer Jeschiwa, in Jerusalem. Bagdad, die Hauptstadt des Abbasiden-Kalifats (750 bis 1258), war ein Zentrum jüdischer Gelehrsamkeit. Noch 1932 gab es mit Sassoon Eskell einen jüdischen Finanzminister im Irak, der zudem als Vater des irakischen Parlaments verehrt wurde. Im Osmanischen Reich arbeiteten Juden in allen möglichen Berufen in mitunter religiös gemischten Handwerkergilden, als Staatsangestellte und Kaufleute. Sie wohnten nicht in Ghettos, regelten ihre internen Angelegenheiten selbst und hatten in großen Städten einen Rabbiner als Vertreter. Auf Reichsebene wurde 1835 das Amt eines Oberrabbiners, des Hahambaşı, eingerichtet, das es noch heute in der Türkei gibt.

Lateinische Christen hingegen betrachteten die Juden als »Gottes-« oder »Christusmörder« – ein Vorwurf, der schon für die Zeit um die Jahre 180/190 erstmals belegt ist. Als das Christentum zur römischen Staatsreligion wurde, wurde Jerusalem christianisiert, und Juden wurden als »Heiden« mehrfach vertrieben und umgesiedelt. Beim Ersten Kreuzzug 1096 bis 1099 verübten Kreuzfahrerheere auf ihrer Route zahlreiche Pogrome, unter anderem die in Speyer, Mainz, Worms und Köln, die als Urkatastrophe des europäischen Judentums gelten und in einem Massaker in Jerusalem gipfelten.

In West- und Mitteleuropa schränkte besonders das Vierte Laterankonzil von 1215 das Leben der Juden drastisch ein. Ihnen wurden die Ausübung zahlreicher Berufe, »übermäßiger« Wucher und Mischehen untersagt. Die Ghettoisierung verstärkte sich, an den Kirchen wurden Judensau-Motive zur Verächtlichmachung angebracht, und der Vorwurf des Hostienfrevels kursierte ebenso wie die Ritualmordlegende, die erstmals für 1144 im englischen Norwich belegt ist. 1290 verwies England die Juden des Landes – ein Beispiel, das in anderen Teilen Europas nach und nach Schule machte, so dass in West- und Mitteleuropa jüdisches Ge-

Düsseldorf: Verein zur Förderung Gleichberechtigter Kommunikation 2002.

meindeleben für drei Jahrhunderte nahezu zum Erliegen kam.

Einen Beitrag zu diesen Vertreibungen leisteten auch Pogrome im Zuge der Pestpandemie (1348 bis 1352), gepaart mit dem Vorwurf der Brunnenvergiftung. Viele Juden flüchteten nach Polen, Litauen und in die heutige Ukraine, wo ihnen seit dem 16. Jahrhundert Autonomie gewährt wurde. 1648 bis 1658 fielen aber auch dort Tausende Pogromen zum Opfer. Mit dem Abschluss der Reconquista wurden die Juden 1492 von der Iberischen Halbinsel ausgewiesen, wenn sie nicht unter Zwang konvertierten. Die 1478 eingerichtete Spanische Inquisition hatte nicht zuletzt auch die Glaubensfestigkeit der Zwangskonvertierten zu prüfen. Als Folge führte Toledo 1440 als erste Stadt eine Prüfung der Blutreinheit ein. Demnach mussten Bewerber für öffentliche Ämter nachweisen, keine jüdischen Vorfahren zu haben – eine Prüfung, die bis Mitte des 19. Jahrhunderts in Spanien Bestand haben sollte.

Vergleichbares findet sich in islamischen Herrschaftsbereichen nicht. Nach der Ausweisung der Juden aus Spanien fanden diese Aufnahme in Nordafrika und im Osmanischen Reich. Thessaloniki wurde zur Stadt mit den meisten jüdischen Einwohnern weltweit. Zwar sind über die Jahrhunderte, von Marokko bis Iran, einzelne antijüdische Ausschreitungen verzeichnet; diese sind, weil sie Einzelfälle sind, auffällig, aber von den Ursachen und Motiven her eher politisch und situativ zu erklären. Für das andalusische Granada etwa ist belegt, dass dort der Wesir Joseph ibn Naghrela 1066 von einem aufgebrachten Mob gekreuzigt wurde, weil er den Thron mit Unterstützung der Nachbarstadt Almería usurpieren wollte. Mehrfach belegt ist auch ein damit verbundenes antijüdisches Massaker, unklar sind jedoch dessen Ausmaße. Die Angabe, dass bis zu viertausend Juden getötet worden seien, ist mit Vorsicht zu genießen, da sie aus deutlich später geschriebenen Chroniken stammt und die jüdische Gemeinde wahrscheinlich weniger als tausend Mitglieder umfasste.[5]

Den Quellen zufolge haben unter anderem die Frau und ein Sohn des Wesirs überlebt, das jüdische Gemeindeleben blühte auch in der Folgezeit. Daher erscheint die Bezeichnung als »erstes Pogrom auf europäischem Boden« (Wikipedia) fragwürdig, weil das Geschehen so in eine Kontinuitätslinie eingeordnet wird, in die es nicht gehört. Denn das Massaker, wie auch immer es geartet war, wurde von den Zeitgenossen nicht als ein Einschnitt in den muslimisch-jüdischen Beziehungen wahrgenommen, sondern als Geschehen von lediglich lokaler Bedeutung. Ähnlich liegt der Fall der almohadischen Herrscher, die von Mitte des 12. Jahrhunderts bis zur Mitte des 13. Jahrhunderts in Andalusien und Marokko den *dhimma*-Status für Juden und Christen abschafften und sie vor die Wahl von Auswanderung oder Konversion stellten. Auch dieser Vorgang blieb regional begrenzt und fand keine Nachahmer. Der jüdische Philosoph Maimonides emigrierte nach Kairo, wo er bei Sultan Saladin eine gut dotierte Anstellung fand. Betroffen waren zudem nicht nur exklusiv Juden, sondern etwa auch der bekannte muslimische Philosoph Averroes, der ebenfalls verbannt wurde.

5 Brian A. Catlos, *Infidel Kings and Unholy Warriors. Faith, Power, and Violence in the Age of Crusade and Jihad*. New York: Farrar, Straus and Giroux 2014.

Christlicher Antijudaismus und europäischer Antisemitismus

Als sich ab dem 19. Jahrhundert der rassische Antisemitismus, die Vertierung der Juden zu »Parasiten« sowie Vorstellungen über eine jüdische Weltverschwörung in Europa etablierten, verbreitete sich zunächst auch in den mehrheitlich muslimischen Gesellschaften verstärkt christlicher Antijudaismus – befördert unter anderem durch Missionsgesellschaften, Kolonialherren und arabische Christen. Die Damaskusaffäre von 1840, in der der Ritualmordvorwurf gegen elf arabische Juden erhoben wurde, war nicht der erste und letzte Vorfall dieser Art im Nahen Osten, aber sicherlich der prominenteste. Nachdem ein Kapuzinermönch und sein muslimischer Diener verschwunden waren, befeuerten ein Ordensbruder und der französische Konsul den Ritualmordverdacht. Der örtliche Gouverneur sah sich daraufhin veranlasst, Ermittlungen zu eröffnen, wobei mehrere Juden gefoltert und durch die Geiselnahme jüdischer Kinder Geständnisse erpresst wurden. Der Vorgang führte zu antijüdischen Ausschreitungen in Damaskus und weiteren Orten des Nahen Ostens sowie zu umfassenden jüdischen Solidaritätsaktionen in Europa und Nordamerika. Trotz des internationalen Aufschreis konnten nicht alle Inhaftierten gerettet werden.

Um die Jahrhundertwende hielten dann zunehmend rassistische und sozialdarwinistische Vorstellungen Einzug in die arabische Publizistik, unter anderem im Zusammenhang mit der Dreyfus-Affäre, aber auch durch die Übernahme eugenischer Vorstellungen, wie etwa im Fall des linken ägyptischen Schriftstellers koptischer Herkunft Salama Moussa, der diese Ideen bei einem England-Besuch bei der Fabian Society aufgeschnappt hatte. Die 1903 erstmals erschienenen »Protokolle der Weisen von Zion« wurden Mitte der 1920er Jahre gleich zweimal von arabischen Christen ins Arabische übersetzt. In den fünfziger Jahren erfolgte eine Neuübersetzung und die massenhafte Verbreitung in Ägypten unter der panarabischen Regierung Gamal Abdel Nassers.

Moderner Judenhass speiste sich folglich nicht primär aus islamischen Quellen, auch wenn der Nazi-Kollaborateur Amin al-Husseini und der Dschihad-Ideologe Sayyid Qutb versuchten, einen anderen Anschein zu erwecken. Al-Husseini gilt als Anstifter des ersten Pogroms in Palästina, der Nabi-Musa-Unruhen von 1920, und des ersten Pogroms gegen irakische Juden, dem Farhud von 1941. Von Palästina und Irak über die Mitwirkung am Holocaust in Nazi-Deutschland bis zum Kampf gegen das neugegründete Israel mit einer Gruppe bosnischer, kroatischer und spanischer Faschisten konnte er sein Unwesen nicht nur aufgrund von deutscher, sondern auch britischer und französischer Mithilfe treiben.

1920 wurde Al-Husseini von der britischen Militärverwaltung zu zehn Jahren Haft wegen der Nabi-Musa-Unruhen verurteilt. Kurze Zeit später begnadigt, setzten ihn die Briten dann als Mufti von Jerusalem ein, obwohl seine Judenfeindschaft bekannt war und er nicht einmal eine ausreichende religiöse Ausbildung vorzuweisen hatte, da er sein Studium an der Azhar-Universität in Kairo abgebrochen hatte. Als Aufwiegler und gesuchter Kriegsverbrecher konnte er sich mit französischer Hilfe zweimal, 1939 und 1945, der Strafverfolgung entziehen. Bleibende Wirkung erzielte er 1935 mit einer *fatwa*, einem Rechtsgutachten, in dem er Palästina als unveräußerliches Land bezeichnete, das Gott den Muslimen treuhänderisch, als *amana*, überantwortet habe.

Sinn dieser Aussage war es, Muslime, die ihr Land verkauften, als Ungläubige zu denunzieren. Aufbauend auf dieser *fatwa* ging die Hamas in Artikel 11 ihrer Charta von 1988 noch einen Schritt weiter, um jeglichen jüdischen Anspruch zu delegitimieren, und argumentierte, ganz Palästina sei deswegen unveräußerlich, weil es eine von Gott den Muslimen anvertraute wohltätige Stiftung, ein *waqf*, sei – eine Ansicht ohne Beispiel im islamischen Recht, da kein anderer Fall bekannt ist, in dem Gott höchstpersönlich eine Stiftung eingerichtet hätte. Paradoxerweise war reales *waqf*-Land gar nicht unveräußerlich, sondern wurde in Palästina sehr wohl auch an Nichtmuslime verscherbelt – selbst während der Mandatszeit und unter Aufsicht des dafür zuständigen Obermuftis al-Husseini.[6]

Der Ägypter Qutb, ein theologischer Autodidakt, war stark beeinflusst von der rassistischen Schrift *L'Homme, cet inconnu* (1935) des französischen Mediziners Alexis Carrel, die Anfang der 1940er Jahre ins Arabische übersetzt worden war. In *Unser Kampf mit den Juden* von 1950, tituliert in Anlehnung an *Mein Kampf*, drückte Qutb seinen Wunsch nach einem Wiedergänger Hitlers aus. Das Palästina-Problem stellte er gleichwohl nicht als einen Konflikt um Lebensraum oder zwischen Rassen dar, sondern als einen Kampf um den Glauben. Er behauptete, es gebe eine »ewige Judenfeindschaft« gegen den Islam, die darauf abziele, den islamischen Glauben zu entstellen und die islamische Gemeinschaft zu zerstören. Deshalb könne es auch keinen Frieden mit den Juden geben. Jeder Krieg gegen die »verschlagenen« Juden, die nicht mit Waffen, sondern vor allem mit Ideen kämpften, sei bloße Selbstverteidigung. Im Gegensatz hierzu legte der linke Palästinenser Muhammad Najati Sidqi schon kurz nach Ausbruch des Zweiten Weltkriegs ausführlich dar, dass die koranische Botschaft unvereinbar mit Rassenhass, Nationalsozialismus und Faschismus sei – ebenso argumentierten auch andere liberale und linke arabische Intellektuelle in der Zwischenkriegszeit.[7]

Eine Judenfeindschaft aus dem Islam herleiten zu wollen, folgt den Ungereimtheiten islamistischer Interpreten, die Koran, Sunna und Prophetengeschichte auf angeblich antijüdische Stellen hin plündern. Im Koran sind freilich Moses und Abraham die mit Abstand am häufigsten erwähnten und durchweg positiv gezeichneten Personen, ebenso wie andere jüdische Figuren (Q 4:163). Der Koran bestätigt die vorangegangenen Offenbarungen an Juden und Christen, vermerkt aber praktische Verfehlungen. Koranische Verurteilungen (Q 5:66, 5:78) – wie etwa

6 Yitzhak Reiter, *»All of Palestine is Holy Mulsim Waqf Land«: A Myth and its Roots*. In: Ron Shaham (Hrsg.), *Law, Custom, and Statue in the Muslim World. Studies in Honor of Aharon Layish*. Leiden: Brill 2006.

7 Israel Gershoni, *Why the Muslims Must Fight against Nazi Germany: Muḥammad Najātī Ṣidqī's Plea*. In: *Die Welt des Islams*, Nr. 52/3–4, 2012; ders. (Hrsg.), *Arab Responses to Fascism and Nazism: Attraction and Repulsion*. Austin: University of Texas Press 2014.

die häufig angeführten Verse,[8] in denen von einer Verwandlung von Juden in Affen, Schweine und Götzendiener berichtet wird (Q 2:65f.; Q 7:167; Q 5:60) – richten sich nicht gegen Juden an sich, sondern nur gegen eine Teilgruppe, nämlich entweder gegen solche Juden, die die Gebote Gottes – speziell das Sabbatgebot (Q 2:65; Q 7:163) – nicht einhalten oder gegen solche, die den Zorn Gottes erregt haben (Q 5:60). Der Koran greift hier die rigorose jüdische Selbstkritik aus dem Tanach auf, zu denken wäre etwa an die Geschichte über den Tanz um das Goldene Kalb.[9] Der Koran betreibt Kontroverstheologie gegen Juden und Christen, stellt also beständig Bezüge zu biblischen Geschichten her, versteht sich aber zugleich als Korrektur von damit verbundenen Verfehlungen. In Koran-Vers 62:5 heißt es entsprechend: »Diejenigen, denen die Thora aufgeladen worden ist, und die sie daraufhin nicht tragen konnten, sind einem Esel zu vergleichen, der Bücher trägt.«

Ähnlich ambivalent sind auch die Belege aus der Prophetengeschichte, die häufig als Beweis für islamischen Judenhass genannt werden. In der Prophetengeschichte wird geschildert, wie die drei wichtigsten jüdischen Stämme nacheinander aus Medina und der Oase Chaibar vertrieben sowie teilweise im Kampf oder durch Exekution ermordet werden. So wird etwa erzählt, wie der jüdische Schatzmeister zuerst gefoltert wird, um das Versteck des jüdischen Schatzes preiszugeben, und dann aus Rache geköpft wird. Die letzte und blutigste Episode handelt davon, dass der jüdische Stamm der Banū Quraiza in der Erwartung die Waffen streckte, wie die anderen beiden Stämme gen Syrien ausgewiesen zu werden. Allerdings wurden dann entgegen der vorherigen Praxis mehrere Hundert Männer enthauptet, Frauen und Kinder versklavt.

Diese Geschichten waren zwar stets populär, und sie eignen sich natürlich bestens für heutigen antisemitischen Gebrauch, was sich an »Chaibar«-Rufen bei Demonstrationen oder der entsprechenden Bezeichnung von Hisbollah-Raketen zeigt. Doch gibt es hier vier wichtige Einschränkungen: Erstens war die blutrünstige Episode von der Ermordung der Banū Quraiza gerade nicht beispielgebend für Recht und Praxis bei Kapitulationsverhandlungen, bei der Behandlung Kriegsgefangener und beim Umgang mit Andersgläubigen in der islamischen Geschichte. Zweitens richtet sich die Gewalt in diesen Erzählungen dem Sinn nach nicht gegen Juden, weil sie Juden sind, sondern weil sie vertragsbrüchig geworden sein sollen. Drittens ist es unmöglich, den historischen Kern dieser stark ausgeschmückten und stilisierten Episoden zu bestimmen, da sie nur im arabischen Schrifttum überliefert sind. Der jüdische Reisende Benjamin von Tudela (gestorben

8 Michael Wolffsohn, *Judenhass im Koran? Die Wahrheit über Mursis Schweine-Zitat.* In: *Focus Online* vom 2. Juli 2013 (www.focus.de/politik/experten/wolffsohn/judenhass-im-koran-die-wahrheit-ueber-mursis-schweine-zitat_id_2869170.html).

9 Holger Zellentin, *Sure 5 Vers 60: Antisemitismus? Warum Sünder zu Affen und Schweinen werden.* In: *Deutschlandfunk* vom 29. September 2017 (www.deutschlandfunk.de/sure-5-vers-60-antisemitismus-warum-suender-zu-affen-und-100.html); Reuven Firestone, *Sure 2 Verse 65–66: Zur Strafe zu Affen und Schweinen gemacht.* In: *Deutschlandfunk* vom 16. Februar 2018 (www.deutschlandfunk.de/sure-2-verse-65-66-zur-strafe-zu-affen-und-schweinen-gemacht-100.html).

1173) etwa beschrieb Chaibar noch mehrere Jahrhunderte später als jüdische Siedlung.

Viertens gibt es auch hier anders gelagerte Gegenbeispiele. So wird in der Sunna berichtet, dass der Prophet aus Respekt vor einem vorbeiziehenden Trauerzug aufsteht und auf den Hinweis einiger Gefährten, es handle sich doch nur um einen Juden, sagt: »Ist es nicht eine (menschliche) Seele?« (Bukhari 1312). Von Safīya bint Huyaiy, der Tochter des jüdischen Oberrädelsführers von Chaibar und zugleich Witwe des Schatzmeisters, wird berichtet, dass sie zum Islam konvertierte, den Propheten heiratete und sich als Wohltäterin nicht nur für ihre Verwandten, sondern auch für den dritten Kalifen ʿUthmān verdingte. Als dieser von einer aufgebrachten Menge belagert wurde und zu Tode kam, versuchte sie vergeblich, die Belagerung zu durchbrechen und ihm in einer Art humanitärer Mission Essen und Wasser zu bringen. Bei einer zweiten aufgrund der Kämpfe verwitweten Jüdin, Raihana bint Zaid, sind sich die Überlieferer uneins, ob sie Mohammed ebenfalls heiratete oder nur seine Konkubine wurde. In jedem Fall liegt sie mit anderen Prophetenfrauen auf dem Friedhof von Medina begraben.

Schließlich gibt es noch eine jüdische Verschwörerin, Zaynab bint Harith, die sämtliche männliche Verwandte im Kampf verloren hat und deshalb dem Propheten bei den Friedensverhandlungen in Chaibar eine vergiftete Lammschulter serviert. Der Prophet spuckt den Bissen aus, da ihn der Knochen rechtzeitig darüber informiert, vergiftet zu sein. Die Verschwörerin sagt über ihr Motiv: »Ich dachte mir: Wenn du nur ein König bist, werde ich damit von dir erlöst sein; bist du aber ein Prophet, wirst du gewarnt werden.«[10] Die Überlieferer sind sich uneins, ob der Prophet sie töten oder unbeschadet ziehen ließ. Manche führen noch Mohammeds Tod rund vier Jahre später auf die »Vergiftung« zurück. Besonders diese Erzählung zeigt, dass hier eher erbauliche Erzählstoffe als historische Fakten tradiert sind.

Antisemitismus als flexibler Code

Besondere Aufmerksamkeit hat ein Ausspruch Mohammeds erlangt, weil ihn die Hamas in Artikel 7 ihrer Charta von 1988 zitiert. Darin heißt es, der jüngste Tag werde nicht eher anbrechen, als dass die Muslime gegen die Juden kämpften und sie töteten. Steine und Bäume begännen zu sprechen und verrieten, wenn sich hinter ihnen ein Jude verstecke; nur ein Busch namens Gharqad, »der zu den Bäumen der Juden gehört«, werde das nicht tun (Muslim 6985). Dieser Hadith gehört zu einer Reihe von Endzeitprophezeiungen, in denen es heißt, kurz vor dem Ende der Welt kehre Jesus zurück, sammle ein großes Heer von gläubigen Muslimen, Christen und Juden um sich und bekämpfe den Daddschāl, den Antichristen, der von einer kleinen Schar irregeleiteter Muslime, Christen und Juden unterstützt werde. In diesem Kontext steht der Ausruf der Steine und Bäume, gegnerische Soldaten zu ermorden, deren Religionszugehörigkeit in anderen Überlieferungsvarianten ungenannt bleibt.

Es lässt sich daher einwenden, dass eine solche Endzeitprophezeiung weder Aus-

10 Ibn Isḥāq, *Das Leben des Propheten*. Aus dem Arabischen von Gernot Rotter. Dali: Spohr 2008.

druck eines ewigen Kampfes gegen »die« Juden an sich ist noch gar eine Handlungsanleitung für das Töten jüdischer Zivilisten.[11] Der antisemitische Nutzen des Ausspruchs ist dennoch offensichtlich. Unter Muslimen existiert sogar das Gerücht, die Israelis hätten überall Gharqad-Büsche gepflanzt, besonders um wichtige Einrichtungen herum.[12] Das ist insofern erstaunlich, als niemand genau weiß, welche Art von Busch der »Gharqad« überhaupt sein soll, woher also sollten es die Juden wissen?

Das Bild der Juden in Koran, Sunna und Prophetengeschichte hat also zwei Seiten. Auf der einen sind sie Propheten, Buchbesitzer, Verbündete, Ehefrauen, Konvertierte oder einfach nur Menschen, auf der anderen Offenbarungsfälscher, Sünder, Gegner, vertragsbrüchige Verräter oder Verschwörer. Ewiger Hass auf Juden, weil sie Juden sind, lässt sich daraus nur in gewollter Einseitigkeit ableiten. In der historischen Praxis findet sich darüber hinaus kein dem christlichen Antijudaismus in seiner Systematik vergleichbares Phänomen.

Dass sich heute bei vielen Akteuren wie der Hamas ein ausgeprägter Juden- und Israelhass zeigt, verweist also nicht auf eine lange islamische Tradition. Vielmehr handelt es sich um einen rezenten Übertrag aus christlichem Antijudaismus und europäischem Antisemitismus, den gerade islamistische Akteure zu nivellieren suchen, um ihn als authentisch islamisch auszugeben. Insofern gibt es auch gar keinen spezifischen »arabischen« oder »islamischen« Antisemitismus, sondern nur das bekannte Sammelsurium von Vorurteilen über Juden, notdürftig panarabisch unterfüttert oder grün getüncht. Antisemitismus ist ein flexibler Code, der an alle Denksysteme und folglich auch an den Islam andocken kann.

Die Problematik der momentanen öffentlichen Debatte liegt in einer Vermischung zwischen dem realen Palästinakonflikt und dessen irrealen Deutungsmustern. Dass arabische Gesellschaften laut Umfragen weltweit das höchste Ausmaß an israelbezogenem Antisemitismus aufweisen, bedeutet nicht, dass Palästinenser deswegen ihre Grundrechte auf Leben, Land und Selbstbestimmung verwirkten. Zwar stimmt es, dass der Antisemitismus die tieferliegende Ursache des Palästinakonflikts ist, allerdings ist dies nicht der Antisemitismus der Araber, sondern der europäische Antisemitismus. Arabisierter und islamisierter Antisemitismus gehört zu den Folgen des Konflikts.

Bei der Erklärung arabischen Judenhasses sollten wir daher nicht Akteuren wie al-Husseini, Qutb und der Hamas auf den Leim gehen: Eine solche Erklärung verwischt sowohl den Unterschied zwischen Geschichte und Geschichtskonstruktion als auch den zwischen islamischer und europäischer Geschichte. Judenhass ist nicht im Islam angelegt, sondern rein politisch motiviert. Der Palästinakonflikt ist kein religiöser Konflikt, selbst wenn Akteure wie die Hamas zur Mobilisierung auf die religiöse Karte setzen und selbst wenn ein

11 Omar Suleiman / Nazir Khan / Justin Parrott, *The Myth of An Antisemitic Genocide In Muslim Scripture*. Yaqeen Institute for Islamic Research 2017 (yaqeeninstitute.org/wp-content/uploads/2017/08/FINAL-The-Myth-of-An-Antisemitic-Genocide-In-Muslim-Scripture-1.pdf).

12 Anne Marie Oliver / Paul F. Steinberg, *The Road to Martyrs' Square: A Journey into the World of the Suicide Bomber*. Oxford University Press 2005.

Teil der Muslime weltweit Judenhass aufgrund des Palästinakonflikts für legitim hält. Ebenso war die zionistische Staatsgründung kein religiöser Akt, sondern eine Antwort auf jahrhundertelange Verfolgung, auch wenn das angesichts radikaler Siedler und bombardierter Palästinenser heute nicht mehr ganz nachvollziehbar erscheinen mag.

Daher ist auch die Behauptung von Hamas-Erklärern, Antisemitismus habe tiefe Wurzeln im Islam, eine unzulässige Vereinfachung. Sie ist historisch falsch, theologisch unzulänglich und politisch verheerend. Sie ist Wasser nicht nur auf die Mühlen von Islamisten und arabischen Terroristen, sondern auch von antiislamischen Populisten sowie von Befürwortern und Unterstützern des Gaza-Krieges, die sich alle dadurch bestätigt sehen dürfen. Es tut daher not, einer solchen religiösen Aufladung des Antisemitismus entgegenzutreten, denn sie ist gefährlicher als eine vergiftete Lammschulter.

Der Pizzamann

Von Susanne Neuffer

Gibt es für den Begriff »Voyeur« eine weibliche Form? »Voyeuse« klingt nicht gut, außerdem handelt es sich dabei auch – wie ich nachgeschlagen habe – um ein altmodisches Sitzmöbel mit ziemlich krummen Beinen. »Voyante« wäre die Hellseherin, Geisterseherin. Das bin ich auch nicht, ich schaue nur aus dem Fenster meines Zimmers im Gästehaus dieser sehr nördlichen Stadt nach unten. Die Stadt musste schon immer ihre Häuser den Hang hochschieben, sonst wären sie ins Wasser geglitten.

Wahrscheinlich habe ich den besten Blick über die Stadt. Als würde ich in einer Seilbahn sitzen. Ich mache mir ein Vergnügen daraus, die Wagen der Erzbahn zu zählen, die mehrmals täglich voll hin- und leer zurückfährt, und nehme mir vor, endlich jemanden zu fragen, warum man die Wagen leer zurückfahren lässt. Man könnte doch Schokokekse, Trockenfisch, Waffen oder Windeln in den großen braunen Bäuchen transportieren, die hin- und herschwingen, während sie durch die Stadt rattern.

Aber ich sehe noch mehr. Unmittelbar vor mir, unter mir, liegt ein kleines Haus, von dem ich die Rückseite und vor allem das Küchenfenster sehe. Als ich die Küche zum ersten Mal bewusst wahrnehme, ist sie beleuchtet und leer. Ein helles, stilles Quadrat. Ein Mann kommt herein, macht etwas am Herd (mit dem Rücken zu mir). Nun ist auch der Backofen beleuchtet. Der Mann verschwindet, nach einer Weile kommt er wieder, nimmt etwas aus dem Backofen, packt es in Folie, legt es auf den Tisch neben dem Herd. Geht.

Ich beschließe, das Ding für eine Pizza zu halten, und denke, dass er bald Besuch bekommen wird.

Er kommt noch einmal wieder, er hat ein frisches T-Shirt angezogen.

Der Bildausschnitt ist so klar und deutlich, dass ich mal wieder an einen Film denken muss. Etwas mit Fenster, Rollstuhl und dem Rauschgoldengelkleid von Grace Kelly. Es gibt genügend Geschichten, in denen gegenüber etwas Unglaubliches geschieht oder vielleicht nicht geschieht und der Voyeur am Fenster nicht mehr weiß, ob er seinen Augen trauen und Schlüsse ziehen sollte, die ihn dann allerdings zum riskanten Handeln drängen würden. (Ich habe inzwischen beschlossen, dass Voyeurismus etwas Männliches ist, das ich mir kurz ausleihe.)

Der Fensterausschnitt ist dunkel geworden, die Außenwelt auch. An der hinteren Haustür sieht man das Glühen einer Zigarette. Mir fällt ein, dass er mich sehen kann, wie ich da, immerhin angezogen, in meinem hellerleuchteten Hotelzimmer auf dem Bett sitze und in sein Privatleben starre. Ganz lässig stehe ich auf, tue so, als würde ich etwas suchen, lösche das Licht.

Ich schaffe es, an diesem Abend noch etwas anderes zu unternehmen, gehe ins Kino und sehe einen dystopischen Film in der Landessprache, was die Sache sehr abmildert. Auf dem Rückweg hoch zum Gästehaus vergesse ich, mir die Vorderseite des kleinen Hauses anzuschauen. Ich setze mich in Zimmer 102 aufs Bett und warte auf das Rattern der letzten Erzzüge. Ohne Licht.

Auch unten bleibt es dunkel. Ich hoffe, sein Besuch ist noch gekommen, vielleicht eine von den schnellen dünnen blonden Frauen, die hier die Berge mit einer Wasserflasche in der Hand hochrennen, um eine Zehn-Punkte-Karte vollzukriegen. Sie muss doch am Abend Hunger haben, sich über eine Pizza hermachen und heftig gestikulierend von ihrem heutigen Lauf erzählen. Vielleicht ist sie über Nacht geblieben, falls es in ihr Trainingsprogramm passt.

Am Morgen kann ich etwas sehen, obwohl in der Küche kein Licht an ist: Die Pizza ist weg. Der Mann kommt herein, trägt ein Muskel-Shirt. Ich beschließe, dass er das für mich, die Zuschauerin, angezogen hat. Ein zweiter Mann kommt herein. Die beiden setzen sich rechts und links vom Fensterausschnitt hin, ich sehe nur jeweils eine Hand mit einer Kaffeetasse. Keine dünne blonde Frau.

Vor der Tür steht ein Koffer.

Ich gehe los und arbeite mein Tagesprogramm ab.

Als ich zurückkomme, ist der Koffer weg.

Meine Erinnerung warnt mich, aus der Sache mit dem Koffer etwas Unangemessenes zu machen.

Am Abend leuchtet die Küche wieder leer und tröstlich. Auf dem Tisch neben dem Herd ruht etwas, in Folie gehüllt. Die Pizza. Schon wieder Pizza.

Meine Imagination funktioniert nur vage: ein Paar mit einer Dynamik von An- und Abreise, von *heute nicht* und *morgen vielleicht*? Oder einfach zwei Männer, die exklusive Pizzen anfertigen? Etwas, das man sich hierzulande im Restaurant auch dann kaum leisten kann, wenn man sein Geld auf einer Ölbohrinsel verdient. Ein kleines Start-up in der Küche? Einer macht die Pizza, der andere fährt sie aus?

Der Abschied von dieser Stadt fällt mir nicht besonders schwer, sie hat etwas Herbes, an mir Uninteressiertes, und immer, wenn ich vor die Tür trete, regnet es. Aber ich hätte gerne gewusst, wie es weitergeht.

Es muss ja kein Drama sein. Vielleicht hätte sich über Monate und Jahre etwas Nachbarschaftliches entwickelt, ein Nicken nach oben, ein Lächeln nach unten, mal eine Bemerkung am Gartenzaun über das Timing beim Pizzabacken. Über die Hanglage der Häuser.

Es kann aber sein, dass der Pizzamann der konsequentere Voyeur ist, dass er seit langem aus seiner Fensterecke nach oben schaut, die häufig wechselnden Neugierigen von Zimmer 102 beobachtet, wie sie mit dem Dosenbier in der Hand nach unten starren, wie sie sich unbedacht umziehen, wie sie Erzwagen zählen. Und dass hier, unterstützt durch eine kleine appetitanregende Inszenierung, wieder einer dieser subarktischen Großromane entsteht, für die es so wenig braucht: einen Tisch, eine Kaffeetasse, ein Fenster nach oben, ab und zu ein Stück Pizza und eine Zigarette im Dunkeln.

Der Merkur im Internet: Aktuelle Interventionen und Kommentare, Reaktionen auf Texte in der Druckausgabe, Blicke ins Archiv, Hinweise zu Tagungen und Links zu lesenswerten Artikeln und Essays online, zu finden unter:

www.merkur-zeitschrift.de/blog/

Demnächst:

Hanna Engelmeier
Literaturkolumne

Valentin Groebner
Geister am Palmenstrand

Thomas Schaefer
Aus dem Leben eines Antiquars